全国旅游高等院校
精品课程系列教材

SHENGCHENGSHI RENGONGZHINENG YU
LÜYOU SHIJIAN YINGYONG JIAOCHENG

生成式人工智能与旅游实践应用教程

主　编◎耿　海　顾至欣　李俊楼
副主编◎周文娟　叔文博

中国旅游出版社

前　言

　　近年来，随着智慧旅游的蓬勃发展，国家高度重视并出台了一系列重要文件和政策措施，为旅游业的全面数字化转型和深度智慧化升级奠定了坚实的政策基础。这些举措不仅推动了旅游服务的智能化、个性化与便捷化，还促进了旅游资源的优化配置与高效利用，引领着整个行业迈向更加智慧、更加可持续的发展道路。其中，文化和旅游部办公厅、中央网信办秘书局、国家发展改革委办公厅、工业和信息化部办公厅、国家数据局综合司联合发布的《智慧旅游创新发展行动计划》，尤为引人注目。该文件明确提出了智慧旅游发展的总体目标、重点任务和保障措施，为我国智慧旅游的发展指明了方向，标志着我国智慧旅游发展进入了一个新的阶段。

　　生成式人工智能以其强大的内容生成能力、个性化推荐能力和交互能力，为旅游产品的创新、旅游服务的优化、旅游营销的精准化提供了强大的技术支持。通过运用生成式人工智能技术，旅游企业可以更加精准地把握游客需求，提供更加个性化的旅游产品和服务；同时，也可以利用该技术进行精准营销，提高营销效率和效果，从而推动旅游业的持续健康发展。

　　在此背景下，我们精心编写了《生成式人工智能与旅游实践应用教程》一书，旨在深入探讨生成式人工智能的发展脉络、基础操作、应用场景及未来趋势，为旅游从业者、研究人员及广大读者提供一本系统、全面、实用的参考书。

　　本书共分为五大模块，从理论到实践，由浅入深地展开论述。模块一"生成式人工智能发展概况"首先带领读者回顾人工智能的发展历程，重点介绍生成式人工智能的兴起、现状及其在旅游产业中的初步应用，为后续模块奠定坚实的理论基础。通过项目化的学习方式，读者将深入了解生成式人工智能的主要工具、功能及其对社会经济的深远影响。

　　模块二"生成式人工智能基础操作"则聚焦于实践操作层面，通过一系列精心设计的项目，指导读者如何有效利用生成式人工智能工具进行自我学习、高效交互，并训练出个性化的输出风格。同时，本模块还深入探讨了应用过程中可能面临的挑战，如用户排斥、技术局限、安全与隐私等问题，并提供了相应的应对策略，帮助读者建立全面的应用视角。

　　模块三"生成式人工智能的旅游应用场景认知"是本书的重点部分，通过八个具体项目，详细阐述了生成式人工智能在旅游产业中的多样化应用，包括个性化行程规划、导游词创作与虚拟讲解、旅游新媒体内容生成、旅游互联网营销、多语言支持和翻译、智能客服和问答系统、虚拟数字人创建与应用以及旅游数据分析与预测等。每个项目均从应用场景、工作原理及产业案例三个维度进行深入剖析，使读者能够直观感受到生成式人工智能为旅游产业带来的革命性变化。

模块四"生成式人工智能的旅游应用实训"则是对理论知识的实践检验。通过八个实训项目，读者可以亲自动手操作，体验生成式人工智能工具在旅游产业中的实际应用过程。从定制旅行方案编制到虚拟数字人制作，从旅游海报设计到旅游数据分析与预测，每个实训项目都配备了详细的步骤指导和作业安排，旨在帮助读者将所学知识转化为实际操作能力。

模块五"生成式人工智能的旅游应用展望"展望了生成式人工智能在未来旅游产业发展中的广阔前景及其在旅游职业教育中的潜在应用价值。通过深入分析生成式人工智能如何促进旅游产业创新、如何提升旅游服务质量、如何优化旅游治理等问题，本书为读者描绘了一幅充满希望的未来旅游图景。同时，针对旅游职业教育领域，本书也提出了智能化教学、旅游化转型、专业化评估与反馈等创新思路，为旅游教育的发展提供了新的启示。

我们深知本教材的编写虽力求全面与深入，但受限于时间与知识更新的速度，书中内容难免存在不足之处。我们衷心欢迎旅游从业者、研究人员及广大读者在阅读过程中提出宝贵意见与建议，共同促进生成式人工智能技术在旅游领域的探索与应用。我们期待本书能够成为连接理论与实践的桥梁，为旅游业的智能化、个性化发展贡献一份力量。同时，我们也将持续关注行业动态与技术进步，不断更新与完善本书内容，力求为旅游业的繁荣发展贡献更多的智慧与力量。感谢各位读者的关注与支持，愿我们携手共进，共创智慧旅游的美好未来。

目 录
CONTENTS

模块一　生成式人工智能发展概况 ……………………………… 1
  项目一　人工智能发展概况认知 ……………………………… 2
  项目二　生成式人工智能主要工具认知 ……………………… 21
  项目三　生成式人工智能功能解析 …………………………… 26
  项目四　生成式人工智能价值研判 …………………………… 36

模块二　生成式人工智能基础操作 ……………………………… 39
  项目一　利用生成式人工智能工具进行自我学习 …………… 40
  项目二　掌握生成式人工智能工具的交互方法 ……………… 43
  项目三　训练生成式人工智能工具的输出风格 ……………… 54
  项目四　关注生成式人工智能工具的应用挑战 ……………… 64

模块三　生成式人工智能的旅游应用场景认知 ………………… 69
  项目一　个性化行程规划 ……………………………………… 70
  项目二　导游词创作和虚拟讲解 ……………………………… 74
  项目三　旅游新媒体内容生成 ………………………………… 76
  项目四　旅游互联网营销 ……………………………………… 78
  项目五　多语言支持和翻译 …………………………………… 80
  项目六　智能客服和问答系统 ………………………………… 85
  项目七　虚拟数字人创建与应用 ……………………………… 87
  项目八　旅游数据分析与预测 ………………………………… 89

模块四　生成式人工智能的旅游应用实训 ……………………… 92
  项目一　定制旅行方案编制实训 ……………………………… 93
  项目二　导游词与虚拟讲解设计实训 ………………………… 98
  项目三　旅游海报设计实训 …………………………………… 103

项目四　旅游短视频内容生成实训 ……………………………………………… 111

项目五　旅游软文营销实训 …………………………………………………… 115

项目六　海外领队助手应用实训 ……………………………………………… 123

项目七　虚拟数字人制作实训 ………………………………………………… 129

项目八　旅游数据分析与预测实训 …………………………………………… 136

模块五　生成式人工智能的旅游应用展望 ……………………………… 147

项目一　促进旅游业发展的应用展望 ………………………………………… 148

项目二　助力旅游职业教育的应用展望 ……………………………………… 153

参考文献 ……………………………………………………………………… 159

模块一 生成式人工智能发展概况

模块导入

在这个科技飞速发展的时代，人工智能（Artificial Intelligence，AI）已经成为我们日常生活中不可或缺的一部分。从智能手机的语音助手到推荐你喜欢的电影和音乐，AI无处不在。而在人工智能的众多分支中，生成式人工智能（Artificial Intelligence Generated Content，AIGC）正以惊人的速度改变着我们的世界。生成式人工智能不仅能够理解和处理信息，还能创造新的内容，这为各行各业带来了前所未有的机遇。生成式人工智能的概念虽然由来已久，但真正让它走进大众视野的是近年来的技术突破。例如，OpenAI开发的GPT-3（Generative Pre-trained Transformer 3）模型，通过庞大的参数和海量的数据训练，展现出了令人惊叹的自然语言生成能力。

生成式人工智能已经在各行各业掀起了应用热潮。在旅游行业，生成式人工智能的应用尤为引人注目。想象一下，你可以通过虚拟现实设备，提前"游览"你计划去的目的地。这些虚拟场景都是由生成式人工智能根据真实数据生成的，逼真程度令人叹为观止。再如，旅行社可以利用生成式人工智能为每位游客量身定制旅行路线和活动建议，提高旅行体验的个性化和满意度。酒店业也开始利用生成式人工智能提升客户体验。通过分析客户的偏好和历史数据，人工智能可以生成个性化的服务建议，如房间布置、餐饮选择等，让每一位客人都感受到宾至如归的服务。此外，旅游景点也在利用生成式人工智能进行数字化重建和虚拟导览，使游客能够在访问前就详细了解景点的历史和特色。

总的来说，生成式人工智能的发展不仅为我们的生活带来了创新的工具和方法，也促使我们重新思考人与技术的关系。在本模块中，我们将深入探讨生成式人工智能的基本原理、核心技术以及在旅游实践中的具体应用。希望通过本模块的学习，读者能够基本了解生成式人工智能的发展概况、基础知识与主要工具，让我们一起踏上这段充满挑战和机遇的旅程。

学习目标

1. 了解人工智能的发展历程和生成式人工智能的发展概况；识别生成式人工智能在

旅游产业中的应用。

2. 区分生成式人工智能相关概念；运用生成式人工智能的各类工具，并体会生成式人工智能的价值。

3. 分析生成式人工智能在生成文字、描绘图片、音频制作、影视创作、互动娱乐及数据分析中的各项功能。

项目一　人工智能发展概况认知

一、人工智能的发展沿革简述

人工智能虽然是一个现代化的专业名词，但是人类对人造机械智能的想象与思考却源远流长。如荷马史诗《伊利亚特》中有金属巨人塔洛斯，在特洛伊战争中负责守卫克里特。根据中国汉代《列子·汤问》记载，偃师献给周穆王一个巧夺天工的"机器人"，它能歌善舞，表演生动，令人称奇。这些充满想象力的古老传说，反映了人类自古以来对创造类人智能的渴望和探索。而在现代，人工智能不再仅仅是幻想，它已经成为深刻影响我们生活的现实力量。

那么，究竟什么是人工智能？它是能够模拟、延伸和扩展人类智能的理论、方法、技术及应用系统。今天的人工智能包括但不仅限于机器会听（语音识别、机器翻译等）、会看（图像识别、文字识别等）、会说（语音合成、人机对话等）、会思考（人机对弈、定理证明等）、会学习（机器学习、知识表示等）、会行动（机器人、自动驾驶汽车等）、会创造（艺术创作、内容生成等）。人工智能应用范围广泛，从智能家居让我们的生活更加便捷，到金融领域的风险预测；从医疗行业的疾病诊断，到交通领域的自动驾驶，几乎无所不包。

接下来，让我们一同回溯人工智能的发展历程，了解其在中国的发展态势。探究人工智能是怎样推动科技进步，又是如何逐步改变我们的社会与生活的。

（一）人工智能的发展历程

1. 初始探索阶段（20 世纪 50—60 年代初）

20 世纪中叶，随着计算机的诞生，人们很快开始探讨人工智能的问题。1950 年，英国计算机科学家阿兰·图灵（Alan Turing）发表了具有开创性的论文《计算机器与智能》，提出了著名的"图灵测试"，用于判断机器是否具有智能。图灵奠定了人工智能的雏形，被称作"人工智能之父"。

1956 年夏天，人工智能的奠基人约翰·麦卡锡（John McCarthy）等人在达特茅斯发起了人工智能研讨会，共同探讨了用机器来模拟人类智能的可能性，并正式提出"人工智能"这个术语。达特茅斯会议为后续的人工智能研究确定了研究的方向和目标，被广泛认为是人工智能诞生的标志。

在这一早期阶段，人工智能程序和算法主要基于逻辑推理和符号处理，取得了一些令人瞩目的研究成果。在定理证明方面，研究人员开发出能够自动证明数学定理的程序——逻辑理论家（Logic Theorist），可以证明简单的数学定理，展现了机器在逻辑推理方面的潜力。在游戏领域，开发了西洋跳棋程序。人机交互方面也有了初步的尝试，第一个聊天机器人 ELIZA 诞生，能够模拟心理医生与用户进行简单对话。尽管交流能力有限，但在自然语言处理方面迈出了第一步。

在神经网络领域，弗兰克·罗森布拉特（Frank Rosenblatt）于 1958 年提出的感知机（Perceptron）神经网络模型，是一种单层神经网络，可以解决简单的线性分类问题，为后续神经网络的发展奠定了基础。1959 年亚瑟·塞缪尔（Arthur Samuel）给出了机器学习（Machine Learning）的明确概念，强调了让计算机通过数据学习和改进的重要性，为机器学习的发展指明了方向。这一阶段的研究探索开启了人类对人工智能的不懈追求之旅。

知识链接

人工智能之父——阿兰·图灵

阿兰·图灵（Alan Turing，1912 年 6 月 23 日—1954 年 6 月 7 日），是英国著名的数学家、逻辑学家和计算机科学家，被誉为"计算机科学之父"和"人工智能之父"。

1912 年，图灵出生在英国伦敦。他的父亲是印度殖民地的公务员，母亲则是家庭主妇。图灵在儿童时期表现出超常的智力，尤其在数学和科学方面。他在伦敦的希尔学校接受教育，1931 年进入剑桥大学的国王学院学习数学，1934 年获得一等荣誉学位。

1936 年，24 岁的图灵发表了论文《论可计算数及其在判定问题中的应用》，提出"算法"和"计算机"两个概念，并且证明了现在被称作"图灵机"的抽象装置有能力解决任何可想象的、以数学式表达的数学难题。他也因此被称为"计算机科学之父"。直至今日，"图灵机"还是计算理论的中心课题。随后，他前往美国普林斯顿高级研究院攻读博士学位，并于 1938 年获得博士学位。在此期间，他与著名数学家阿尔弗雷德·塔斯基和其他学者合作，深入研究逻辑和数学基础。

1938 年，26 岁的图灵回到剑桥任教，次年，"二战"爆发。著名的传记电影《模仿游戏》就是以此为开端，图灵因为杰出的数学能力，被聘往英国情报机构——布莱切利庄园（Bletchley Park）开展密码破译工作。他在这里负责破解德国海军的恩尼格玛（Enigma）密码机，开发了多种密码破译技术。1940 年春天，图灵设计的能够破解恩尼格玛的机器"bombe"运行，帮助盟军加速取得了"二战"的胜利。1946 年，他因在"二战"中的杰出贡献被授予"不列颠帝国勋章"。

战争结束后，图灵继续在计算机科学和人工智能领域进行研究。他在曼彻斯特大学工作，参与开发了世界上第一台电子计算机——曼彻斯特计算机。1950年，他发表论文《计算机器与智能》，首次提出机器具备思维的可能性和"图灵测试"的概念，为后来的人工智能科学提供了开创性的构思。

图灵的研究成果和创新思想对计算机科学和人工智能的发展产生了深远的影响。为了纪念图灵的卓越贡献，美国计算机协会于1966年设立了图灵奖，被誉为计算机科学界的诺贝尔奖。

（资料来源：https://wiki.mbalib.com/wiki/）

2. 低谷徘徊阶段（20世纪60—70年代）

进入20世纪70年代，人工智能的发展面临诸多挑战。首先，计算机性能低下，无法满足复杂算法的运行，限制了人工智能的广泛应用。其次，在理论研究方面，人们对人工智能的基本原理和机制的理解不够深入，使得研究难以取得突破性的进展。比如20世纪60年代末，达特茅斯会议的发起人之一马文·明斯基（Marvin Minsky）指出感知机无法处理复杂的问题，具有很强的局限性。这给当时神经网络的研究带来了沉重打击。

然而，在人工智能发展的低谷时期，仍然有一些重要的技术突破和理论进展。1965年美国斯坦福大学的爱德华·费根鲍姆（Edward Feigenbaum）教授开发了名为Dendral的专家系统，模拟人类专家求解问题的思维过程来解决化学领域的复杂问题。保罗·沃伯斯（Paul Werbos）在1974年的博士论文中首次提出了通过误差的反向传播（Backpropagation）来训练神经网络的方法，为神经网络的发展提供了新的思路。人工智能发展困境中的突破和进展，促使研究人员不断反思和探索新的方向。

3. 应用拓展阶段（20世纪80—90年代）

20世纪80年代开始，人工智能逐步走出低谷，开启了应用拓展的新篇章。在这一阶段，专家系统得到了广泛运用。1980年，计算机生产公司DEC与卡内基梅隆大学CMU合作，研发了首个商用专家系统XCON。该系统可以根据客户需求为计算机系统定制硬件配置方案，每年直接为DEC公司节省约4000万美元。在专家系统的成功示范下，许多国家政府也开始支持人工智能项目。比如1981年，日本启动了第五代计算机项目，目标是制造出能够与人对话、翻译语言、解释图像，并具备类似人类推理能力的机器。

1997年，IBM的深蓝（Deep Blue）超级计算机战胜国际象棋世界冠军加里·卡斯帕罗夫（Garry Kasparov），展示了专家系统在特定领域内的强大能力和潜力。这一事件引起了人们对于人工智能的广泛关注。

同时，在20世纪80—90年代，人工智能的另外一个研究方向——神经网络领域也取得了重大突破。1982年，美国加州理工学院物理学家约翰·霍普菲尔德（John Hopfield）发明了由神经元组成的Hopfield网络模型，它通过反馈机制实现长时记忆，用于解决优化问题和模式识别问题。随后，Williams 等人提出循环神经网络（Recurrent Neural Network，RNN），并开始应用于语言建模。循环神经网络具备短期记忆，可以生成较长的连贯文本。1997 年长短期记忆网络（Long Short-Term Memory，LSTM）诞生，用于长文本生成任务之中。

　　1986 年，大卫·鲁梅哈特（David Rumelhart）、杰弗里·辛顿（Geoffrey Hinton）和罗纳德·威廉姆斯（Ronald Williams）等人详细阐述了反向传播算法（BP，Backpropagation）的应用和原理。此后，反向传播算法成为众多神经网络模型训练的有力工具，使得大规模神经网络训练成为可能。1989 年，杨立昆（Yann LeCun）将反向传播算法引入卷积神经网络（Convolutional Neural Networks，CNN），提出了 LeNet 系列模型。1998 年，经典的 LeNet-5 版本首次成功应用到美国邮局的手写字符识别系统中。LeNet-5 的成功标志着卷积神经网络在图像处理领域的初步应用，为其后续发展奠定了基础。

　　然而，这一时期人工智能的应用发展仍然困难重重。一方面，专家系统面临知识获取困难、维护成本高昂、适应性欠佳等问题。另一方面，神经网络模型复杂，其训练受到大量数据和计算能力的限制。但即便如此，这一阶段的研究成果，特别是神经网络领域中反向传播算法、循环神经网络模型和卷积神经网络模型的不断优化，拓展了人工智能的应用场景，促使其在图像识别、语音处理、自然语言理解等实际应用领域取得了显著的进步。为人工智能的后续发展提供了有力的技术支撑，让人们对未来人工智能的发展充满了期待。

 知识链接

循环神经网络

　　循环神经网络（Recurrent Neural Network，RNN）是一种用于处理序列数据的神经网络。简单来说，它就是一种专门处理有先后顺序数据的方法。比如说一句话、一段音乐或者一段时间里的各种数据变化。循环神经网络的特别之处在于它能记住前面发生的事情。就好像它有个小记忆盒子，每处理一个新的数据时，都会参考之前存放在盒子里的信息。这样它就具备了理解数据之间前后关系的能力。

　　如果把它用在自然语言处理上，它可以根据前面的词语来猜测后面可能出现的词语。在语音识别中，能根据前面听到的声音来判断接下来可能是什么声音。在分析时间序列数据时，能根据过去的数据变化来预测未来会怎么发展。

　　它在我们日常生活中的应用非常常见，如以下这些场景。

　　机器翻译：如谷歌翻译等工具在处理文本翻译时，会使用循环神经网络。当翻译一个句子时，RNN 可以考虑到单词之间的顺序和上下文关系。比如，翻译"我今天很开心"这个句子，RNN 会根据"我""今天""很""开心"这些词的先后顺序和它们之间的语义关联，来生成目标语言翻译。

语音识别：像一些语音助手，如苹果的 Siri 或亚马逊的 Alexa，在将人类的语音转换为文字时会用到 RNN。当接收到一段连续的语音流时，RNN 能够根据语音的前后信息，更准确地识别出所说的内容。

文本生成：一些新闻自动生成软件或小说创作辅助工具可能会基于 RNN。例如，给定一个主题或开头，RNN 可以生成连贯的文本段落。比如给定"春天来了"，它可能会生成"春天来了，大地从沉睡中苏醒，树木抽出嫩绿的新芽，花朵绽放出五彩斑斓的色彩"。

股票价格预测：在金融领域，通过分析历史的股票价格数据序列，RNN 可以尝试预测未来的股票价格走势。它能够捕捉价格变化的时间模式和趋势。

推荐系统：像网易云音乐、QQ 音乐等音乐推荐平台。RNN 会分析你过去收听的歌曲、创建的歌单、收藏的歌手以及在不同时间段的听歌习惯，据此推荐更多类似风格的歌曲。

卷积神经网络

卷积神经网络（Convolutional Neural Network，CNN）是应用于分析处理图像和视频的神经网络。使用过淘宝拍立淘的人都知道，拍立淘可以根据你提供的照片识别出相似的商品，这个背后就用到了卷积神经网络。它能根据你的一张图片提取特征，从而识别物体。

卷积神经网络可以仔细观察图像中的每一个小区域，通过一种特殊的方式去提取图像的特征。就好比我们看一幅画，会先注意到一些明显的线条、颜色或者形状，卷积神经网络也能找到这些关键的特征。

它有不同的层次结构。最开始的层次能发现一些简单的特征，如图像中的边缘或者颜色的变化。随着层次越来越深，它就能识别出更复杂的图案和物体。

在实际应用中，卷积神经网络在图像识别、物体检测等领域大显身手。常见的应用领域有图像识别：如在手机的人脸识别解锁功能中，卷积层能够帮助提取人脸的特征，从而准确识别人脸。

自动驾驶：车辆中的自动驾驶系统利用卷积层来识别道路标志、行人、其他车辆等，辅助车辆做出安全的驾驶决策。

医疗诊断：在医学影像分析中，如 X 光、CT 扫描等图像的分析，卷积层可以帮助医生发现病变区域或异常特征。

安防监控：卷积层能够从监控摄像头拍摄的图像中识别出异常行为或可疑人物。

可以看出，CNN 在各种需要从图像、视频等数据中提取有用信息和特征的场景中发挥着重要作用，为我们的生活带来了诸多便利和安全性的提升。

人机大战——卡斯帕罗夫对战深蓝计算机

1997 年 5 月 11 日，是人工智能发展历程中具有里程碑意义的日子。这天，IBM 的超级计算机深蓝以 2 胜 1 负 3 平的战绩击败了当时世界排名第一的国际象棋大师加里·卡斯帕罗夫，此消息迅速在全球引发轰动。

深蓝的起源最早可追溯至 1985 年，那时卡内基梅隆大学的博士生许峰雄开始开发一款名为"芯片测试"的国际象棋电脑深思（Deep Thought），其名字源于科幻小说《银河系漫游指南》中的一台机器。后来，许峰雄和同事被 IBM 聘用，继续从事国际象棋方面的研究工作。

卡斯帕罗夫是国际象棋史上极为杰出的棋手，他不仅在国际象棋领域成就非凡，还是一位数学家、计算机专家，并且精通 15 国语言。他的棋风灵动，有着极其敏锐的感知判断力，在对弈中常常凭借出人意料的策略获胜。

卡斯帕罗夫曾在 1989 年的两场比赛中轻松战胜深思。于是，IBM 团队不断改进他们的超级计算机，并于 1993 年将其重新命名为深蓝。

1996 年 2 月 17 日，卡斯帕罗夫与深蓝计算机展开对决，最终卡斯帕罗夫以 4∶2 战胜深蓝，获得 40 万美元奖金。这场比赛却给许峰雄团队带来了信心，因为出乎他们意料的是，世界象棋冠军在第一场比赛中输给了深蓝。比赛结束后，许峰雄团队一直努力为深蓝进行升级。

1997 年 5 月 3 日，新一轮人机大战开启。卡斯帕罗夫赢得第一场，深蓝赢得第二场，第三、四、五局均为平局。5 月 11 日，深蓝在第六场比赛中以 3.5∶2.5 的比分获胜。

对于这场胜利，深蓝的设计者许峰雄认为主要归功于深蓝强大的计算能力，它通过穷举所有路数来选取最佳策略，即每走一步几乎都是在遍历后续所有可能的情况下作出决策。深蓝依靠"蛮力"能够预判 12 步，而卡斯帕罗夫能够预判 10 步。在今天看来，深蓝还不够智能，所以很多人认为这是计算机的胜利，而非人工智能的胜利。

如今，深蓝的性能已不足为道。就 CPU 而言，早在 2006 年，英特尔推出的第一代酷睿 2 就已超越深蓝，我国超级计算机天河二号的浮点运算能力更是深蓝的 30 万倍。然而，计算机战胜人类的这一开端，为人工智能的从业者带来了更为广阔的想象空间。

（资料来源：https://www.xinminweekly.com.cn/shizheng/40years/2020/05/13/14162.html）

4. 高速发展阶段（21 世纪初至今）

进入 21 世纪，人工智能进入了高速发展阶段，这主要得益于计算能力的显著提升、大数据的蓬勃发展以及算法模型的不断创新。

在计算能力方面，硬件技术的进步，特别是图形处理单元（Graphics Processing Unit，GPU）的并行计算优势以及云计算平台的广泛应用，为大规模神经网络和深度学习模型的训练提供了强大的算力支持。同时，互联网的发展和各类数字化设备的大量使用，产生了海量的多形式数据，如数万亿字的文本、数十亿张的图像、数十亿小时的语音和视频等。2009 年，大型图像数据集 ImageNet 正式发布。大规模标注数据集的构建，为模型训练提供了丰富的训练素材。

2006 年，杰弗里·辛顿（Geoffrey Hinton）提出深度信念网络（Deep Belief Network，

DBN）的概念，深度学习诞生，并增加了两种模型训练优化技术——"预训练"（pre-training）和"微调"（fine-tuning）。深度学习使多层神经网络结构得以构建，能够从海量数据中自动学习复杂特征和模式，使得图像识别、语音识别、自然语言处理的进步成为可能。随着深度学习技术的兴起，循环神经网络又得到了广泛的应用，尤其是在自然语言处理（Natural Language Processing，NLP）领域。循环神经网络被运用到语言建模、机器翻译等任务中。2012年杰弗里·辛顿和他的学生亚历克斯·克里泽夫斯基（Alex Krizhevsky）等人提出了第一个现代深度卷积神经网络模型——AlexNet，是深度学习技术在图像分类上真正突破的开端。在AlexNet之后，出现了很多优秀的卷积神经网络，如VGGNet（Visual Geometry Group Network，2014年）、GoogleNet（Inception-v1，2014年）、ResNet（Residual Network，2016年）等。

从2016年3月开始，Google的AlphaGo连续战胜围棋世界冠军李世石和中国棋手柯洁，展示了其强大的算法和策略。这被认为是人工智能发展的重要里程碑，暗示了AI在深度学习领域的强大能力。

2014年，伊恩·古德费洛（Ian Goodfellow）提出了生成式对抗网络（Generative Adversarial Network，GAN），被广泛应用于图像生成、图像超分辨率、语音合成、文本生成等众多领域。GAN的提出标志着人工智能领域一种新的生成模型范式的产生。

2017年，Google首次提出名为Transformer的神经网络架构，Transformer可以创建更高质量的语言模型。2018年，OpenAI发布的GPT系列模型以及Google发布的BERT模型，都基于Transformer架构，展现出惊人的语言生成和理解能力，推动了机器翻译、智能客服、文本自动生成等应用的发展。此后，生成式人工智能迅速崛起。2022年年底，OpenAI推出的生成式AI ChatGPT系列，以强大的内容生成能力和接近人类水平的"聪明"程度给人类世界带来了巨大震撼。

随着生成式人工智能技术的快速演变，各种生成式人工智能模型如雨后春笋般涌现，改变了人们获取信息和解决问题的方式。生成式人工智能成为继蒸汽、电力、信息技术之后，第四次工业革命的核心驱动力，开启了人工智能发展的一个新时代。

 知识链接

深度学习

深度学习是人工智能领域中一种具有变革性的技术，它是机器学习的一个重要分支。2006年杰弗里·辛顿（Geoffrey Hinton）提出了深度信念网络，标志着深度学习的诞生。

深度学习的核心是构建具有多层结构的神经网络模型。卷积神经网络（CNN）、循环神经网络（RNN）及其长短期记忆网络（LSTM）是常见的深度学习模型。这些模型能够自动从大量的数据中学习复杂的模式和特征。与传统的机器学习方法相比，深度学习具有显著的优势。它能够处理海量的数据，并且无须人工进行复杂的特征工程。例

如，在图像识别任务中，传统方法可能需要人工提取图像的边缘、颜色等特征，而深度学习模型可以直接从原始图像中学习到相关的特征。

深度学习在多个领域取得了惊人的成果。在计算机视觉领域，深度学习能够准确地识别图像中的物体、场景，甚至进行人脸识别和自动驾驶中的环境感知。在自然语言处理领域，深度学习可以实现文本分类、情感分析、机器翻译等任务，促进了智能客服、智能写作等应用的发展。在语音识别领域，深度学习大幅提高了语音转文字的准确率，促进了语音识别在智能家居、车载系统、医疗辅助等众多领域的广泛应用，为人们的生活和工作带来了极大的便利。

在深度学习领域做出卓越贡献的三位科学家：杨立昆（Yann LeCun）、杰弗里·辛顿（Geoffrey Hinton）和约书亚·本吉奥（Yoshua Bengio），被称为"深度学习三巨头"。他们因在深度神经网络概念和工程上的突破，共同获得了 2018 年的图灵奖。

杨立昆（Yann LeCun），1960 年出生于法国。现任纽约大学教授，Meta 人工智能首席科学家。自 20 世纪 80 年代和 90 年代早期开始研究神经网络，开发了卷积神经网络 LeNet，用于手写数字识别，经典版本 LeNet-5 首次应用于商业，被誉为"卷积神经网络之父"。

杰弗里·辛顿（Geoffery Hinton），1947 年出生于英国，在剑桥大学获得实验心理学学士学位，在爱丁堡大学获得人工智能博士学位。2001—2014 年担任多伦多大学计算机科学系教授；2016—2023 年担任谷歌副总裁兼工程研究员。主要研究反向传播算法原理阐述与应用、发明玻尔兹曼机、改进卷积神经网络；提出深度学习，被誉为"深度学习之父"。2024 年获得诺贝尔物理学奖。

约书亚·本吉奥（Yoshua Bengio），1964 年出生于法国巴黎。英国皇家学会院士，蒙特利尔大学教授，Element AI 联合创始人，美国国家人工智能科学院（NAAI）终身院士。他提出序列的概率模型，将神经网络和概率模型结合用于识别手写支票；引入高维词向量表征自然语言；其团队引入的注意力机制让机器翻译获得突破。

AlphaGo 又是如何战胜人类的？

深蓝计算机的设计者早就设想过：何时计算机能够下围棋呢？

围棋一盘棋可以有 150 回合，一个回合有 250 种可能，复杂度远远超过国际象棋。深蓝的"穷举法"似乎不可能战胜顶尖职业围棋选手，有棋手称"电脑 100 年也战胜不了人类棋手"，但人工智能的发展远远超越我们的想象。

2016 年 3 月，Google 旗下 DeepMind 公司的围棋人工智能程序——AlphaGo，与围棋世界冠军李世石进行围棋人机大战，以 4∶1 的总比分获胜，AlphaGo 一战成名。2017 年，AlphaGo 升级为新版程序 AlphaGo Zero。

与深蓝不同，AlphaGo 的胜利不仅仅是靠计算机强大的计算能力，更依赖于精妙的算法。AlphaGo 算法的核心是强化学习、深度学习和蒙特卡洛树搜索。强化学习赋予了 AlphaGo 自学的能力，使其能够在没有大量人工标注数据的情况下自我提升。深度学习让 AlphaGo 通过大量的自我对弈数据进行训练，不断优化网络参数，提高对棋局的评估和决策能力。AlphaGo 使用蒙特卡罗树搜索随机模拟未来的走法，评估每种走法的可能性和价值，从而选择最优的下法。

如果说深蓝的胜利是计算机的胜利，那 AlphaGo 的胜利则是人工智能的伟大突破。它不仅展示了机器在复杂智力游戏中的卓越能力，更揭示了人工智能在理解和处理复杂问题上的巨大潜力。

（资料来源：https://www.xinminweekly.com.cn/shizheng/40years/2020/05/13/14162.html）

综上所述，人工智能的发展从最初的探索阶段开始，经历低谷和挑战，最终在应用拓展中实现快速发展，每一步都凝聚着无数研究者的智慧与努力。人工智能的发展仍在路上，未来还需要我们持续探索和创新，以更好地发挥其优势，应对可能出现的问题，让人工智能为人类创造更多的价值，推动社会向着更加智能化、便捷化和高效化的方向迈进。

（二）人工智能在国内的发展

人工智能在中国的发展可以追溯到 1978 年，当时中国自动化学会年会上首次报告了光学文字识别系统和手写体数字识别等研究成果，这标志着中国在人工智能领域的起步。此外，清华大学于 1978 年成立了中国最早的人工智能与智能控制教研组，进一步推动了该领域的发展。这一年也被认为是中国人工智能研究的萌芽期。

20 世纪 80 年代，中国迎来了人工智能发展的第一个高潮期。1981 年，中国人工智能学会（Chinese Association for Artificial Intelligence，CAAI）成立，这一学术组织的成立有力地推动了国内人工智能领域的学术交流与合作。1987 年，国内首部具有自主知识产权的人工智能专著《人工智能及其应用》出版，为国内人工智能的教学和研究提供了重要的参考。同时，在这一时期，一些人工智能相关项目被纳入国家科研计划，如 1986 年智能计算机系统、智能机器人和智能信息处理等重大项目列入国家高技术研究发展计划（863 计划）；1993 年起，智能控制和智能自动化等项目列入国家科技攀登计划。这些项目的实施推动了我国人工智能技术的产业化应用。

进入 21 世纪后，互联网的蓬勃发展为中国人工智能的应用提供了更广阔的平台。2000 年，百度成立，作为国内互联网巨头之一，百度在自然语言处理、图像识别等人工智能领域积极开展研究和应用。同时，阿里巴巴、腾讯等互联网企业也逐渐意识到人工智能的重要性，并开始在相关领域进行布局。随着互联网的迅速普及，机器学习技术在搜索引擎优化、个性化推荐等方面得到了广泛应用。如百度的搜索引擎算法不断改进，通过机器学习来提高搜索结果的准确性和相关性。

2010 年之后，云计算和 AI 芯片的普及极大地提升了算力，推动了人工智能技术的不断成熟。阿里云、腾讯云等云计算服务提供商不断加大对云计算基础设施的投入，为人工智能的研发和应用提供了强大的算力支持。以华为、寒武纪为代表的企业在 AI 芯片领域取得了重要突破，提高了人工智能算法的运行效率。同时，互联网企业百度、阿里巴巴、腾讯等纷纷加大在人工智能领域的布局，成立了专门的人工智能研究实验室，如百度的深度学习研究院、阿里巴巴的达摩院等，推动了人工智能技术在语音识别、图像识别、自然语言处理等领域的快速发展，人工智能产业规模不断扩大。

2017年，国务院印发了《新一代人工智能发展规划》，将人工智能发展上升为国家战略，明确了我国人工智能发展的总体思路、战略目标和主要任务。在这一政策的引领下，各地政府纷纷出台配套政策，加大对人工智能产业的支持力度。

在政策的推动下，大量社会资本和高端人才涌入人工智能领域，新一代人工智能发展规划和重大科技项目全面启动实施。百度、阿里巴巴、华为、腾讯、科大讯飞等企业和科研机构在机器学习、深度学习、自然语言处理、计算机视觉等关键技术领域取得了重大突破。人工智能产品集中亮相世界互联网大会，阿里巴巴ET大脑、腾讯觅影等在内的多项新技术达到国际领先水平。这些技术成果迅速转化为实际应用，推动了智能制造、智慧城市、智慧医疗、智能金融等多个领域的产业升级。同时，人工智能技术也开始深入渗透到人们日常生活的方方面面。智能家居、智能出行等领域都涌现出了大量的人工智能应用产品和服务，极大地提升了人们的生活品质和便利性，推动了社会的智能化进程。

同时，从2017年开始，以大语言模型为代表的新一代生成式人工智能技术在国内迅速崛起，商业应用领域广泛，涵盖娱乐、互联网、游戏、广告、医疗、教育、金融、旅游等多个行业。AI产品更加智能化和多样化，如在娱乐行业，生成式人工智能能够创作音乐、生成虚拟角色和场景，为观众带来全新的视听体验；在互联网领域，它可以优化内容推荐算法，提升用户黏性。截至2023年，中国生成式人工智能专利申请量高达3.8万余件，位列世界首位。根据《2024年人工智能指数报告》，中国有15个模型登上全球著名人工智能模型榜单，使用率全球领先，达到83%。

总的来看，从1978年至2024年，中国的人工智能在政策支持和技术进步的共同推动下，发展速度迅猛，逐步从"跟跑""并跑"向"领跑"转变。在此过程中，众多科学家、企业和政府机构共同努力，使得中国在全球人工智能领域占据了重要地位。如今，站在新的历史起点上，回望过去，我们有理由相信，中国人工智能的发展历程不仅是科技进步的缩影，更是国家创新能力和综合国力提升的体现。展望未来，我们满怀信心，期待中国人工智能继续书写辉煌的篇章，为推动社会进步和人类文明的发展做出新的更大贡献。

 知识链接

百度人工智能发展历程

自2000年成立以来，百度从最初的搜索引擎业务逐步拓展至人工智能领域，成为中国乃至全球AI技术的领先者之一。2000—2009年，百度在搜索引擎市场取得巨大成功，并积累了丰富的用户数据和技术经验，这为后续AI技术的研发奠定了坚实基础。

进入 2010 年，百度正式加大在 AI 领域的投入，成为国内最早布局 AI 的公司之一。这一年，百度成立了全球研究院（百度研究院），专注于 AI 技术的研发与应用。随着 AI 技术的快速发展，百度在语音识别、自然语言处理等领域取得了显著进展，并逐步将 AI 技术应用于实际产品中。

2013 年，百度推出了深度学习研究院，进一步推动了 AI 技术的创新与发展。同年，百度还发布了多项 AI 技术成果，如语音搜索、图像识别等，展示了其在 AI 领域的强大实力。这一时期，百度开始布局移动互联网，并将 AI 技术与移动互联网相结合，为用户提供了更加便捷、智能的服务体验。

2016 年，百度在 AI 领域取得了重大突破，发布了百度大脑这一综合性 AI 平台。百度大脑利用深度学习技术和大规模数据处理能力，为用户提供了语音识别、自然语言处理、图像识别等多种 AI 服务。这一平台的推出不仅提升了百度的 AI 技术实力，也为全球研发者提供了强大的 AI 开发工具和资源。

2017 年，百度发布了自主研发的云端全功能 AI 芯片"昆仑"，标志着百度在 AI 硬件领域实现了重大突破。昆仑芯片的推出不仅提升了百度 AI 技术的自主可控性，也为全球 AI 产业的发展提供了有力支持。此外，百度还积极参与国家科技自立自强战略的实施，通过技术创新和产业升级推动中国 AI 技术的发展和应用。

在接下来的几年里，百度在 AI 领域持续深耕细作，不断推出新的技术和产品。例如，百度 Apollo 自动驾驶技术平台的推出标志着百度在自动驾驶领域的领先地位；百度的人脸识别技术也广泛应用于安防、金融、教育等领域；同时，类似"文心一言"的客服系统和智能助手解决方案等产品也为企业和个人提供了更加便捷、智能的服务体验。

在国家科技自立自强的战略背景下，百度不断加大在 AI 领域的研发投入，致力于攻克关键核心技术难题，减少对外部技术的依赖。这种自主创新的精神不仅推动了百度自身的快速发展，也为中国乃至全球的 AI 技术发展做出了积极贡献。

二、生成式人工智能发展概况

根据人工智能算法底层的不同运行逻辑，人工智能模型可以分为决策式人工智能和生成式人工智能两类。决策式人工智能通过学习数据中的条件概率分布，也就是一个样本归属于特定类别的概率，挖掘数据之间的差异性，再对新的场景进行判断、分析和预测。生成式人工智能则基于联合概率分布，即数据中多个变量组成的向量的概率分布，学习现有数据的特点，以此为基础生成全新的内容。简单来说，决策式人工智能主要做判断，生成式人工智能主要创造新东西。比如，在日常购物中，决策式人工智能可以根据你的购买历史和浏览记录，判断你可能喜欢的商品类别，从而为你推荐相关商品。而生成式人工智能能够基于众多的商品图片和描述，生成全新的商品展示页面或广告文案。

生成式人工智能通常人们用 AIGC 来表示，强调以 AI 作为创作主体进行内容创作，区别于专业生成内容（Professional Generated Content，PGC）和用户生成内容（User Generated Content，UGC）。接下来，我们将对这些纷繁复杂的概念予以辨析解读，从而更加深入了解生成式人工智能。

知识链接

PGC 是指专业生产内容，即由专业内容创作者或机构创作和发布的内容。这种内容通常被认为具有高质量、专业性和一致性。例如，专业的影视制作公司拍摄的电影、电视剧，知名出版社出版的书籍，权威新闻机构发布的深度报道等，都属于 PGC 的范畴。

UGC 则为用户生产内容，其内容的源头更偏大众化，人人都可作为用户进行内容生产。在豆瓣上用户发表的书评和影评，在微博上用户实时分享的旅行见闻和美食体验等，则属于 UGC。

AIGC，即人工智能生成内容，是生成式人工智能生成的文本、图像、音频、视频等内容，也是利用生成式人工智能技术自动生成内容的生产方式，还是用于内容生成的生成式人工智能技术集合。或许我们现在正在看的某段文字、某张图片、某段视频就是 AIGC 生成的内容。AIGC 实现了更高的生产效率和更大的创作规模。以往，创作一篇优质的文章、绘制一幅精美的画作或者制作一段精彩的视频，都需要创作者投入大量的时间和精力。但现在，AIGC 能够在短时间内生成大量的初稿，为创作者提供灵感和基础，节省了许多前期的筹备时间。同时，AIGC 也为普通人参与内容创作降低了门槛。即使没有专业的技能和知识，只要输入一些关键的描述和需求，就能借助 AIGC 获得令人满意的内容成果。

（一）基础理论与技术

生成式人工智能源于机器学习和深度学习。自 2010 年以来，随着计算能力的提升和大规模数据集的出现，生成式人工智能技术取得了重要的进展和演变。变分自编码器、生成式对抗网络、Transformer 架构为生成式人工智能的发展奠定了理论与技术基础。

1. 变分自编码器（VAE）

变分自编码器（Variational Autoencoder，VAE）于 2013 年首次提出，是第一个广泛用于生成图像和语音的生成模型。它可以学习数据的分布，并生成与原始数据类似的新样本。变分自编码器由编码器和解码器组成，我们可以通过一个制作彩色玻璃饰品的例子来简单了解它。

在一个彩色玻璃饰品工厂里面，负责分析玻璃饰品的分析员，相当于编码器，他通过仔细观察一件彩色玻璃饰品的颜色、形状、花纹等特征，然后总结出一些关键信息，用一组数字来表示。接着，工厂里还有一个制作工人，相当于解码器。这个制作工人不能直接看到原来的饰品，只能根据分析员给出的数字信息判断饰品的特征，并以此为依据制作新的彩色玻璃饰品。新制作出来的饰品虽然不会和原来的完全一样，但会有相似的颜色、形状和花纹等特征。

我们今天常见的 AI 去水印、视频游戏中的场景自动生成、智能物流中的货物识别等这些 AI 应用背后就有变分自编码器在发挥作用。

2. 生成式对抗网络（GAN）

2014 年，一个同样可以生成新数据的生成模型出现，它就是生成式对抗网络。它由生成器和判别器两个神经网络组成。生成器的任务是生成与真实数据相似的新数据样本，而判别器的任务就是判断生成器生成的内容是否为真实数据。生成器和判别器是相互对抗的关系，在博弈中不断提升各自的生成能力和判断能力，最终达到生成器的生成数据与真实样本无二的效果。

通俗来说，生成式对抗网络的工作原理就像"你画我猜"的游戏。想象一下，生成器是画家，判别器是评审。画家尝试临摹画出一些图片，而评审的任务是判断这些图片是真实的还是画家画的，两者之间不断地竞争使得画家变得越来越擅长画画，而评审也越来越擅长判断。生成式对抗网络就是通过这样的方式，创造出看起来非常真实的图片、音乐或者视频。

3. Transformer 架构

2017 年，一种全新的神经网络架构——Transformer 出现。ChatGPT 中的字母"T"正是代表 Transformer 架构，而这一架构为众多如 ChatGPT 一般的聊天机器人提供了核心技术支撑，其中包括 Bard、Claude、文心一言、通义千问、Kimichat 等。

Transformer 可以理解和生成人类的语言，比如它可以回答你提出的大部分问题，能翻译文本、总结内容、续写故事等。它之所以能够做到这些，主要有以下几个关键原因。

首先，它通过大规模的预训练来学习语言的模式和规律。在预训练阶段，Transformer 会接触到海量的文本数据，从这些数据中它逐渐掌握了单词的含义、语法结构以及不同语境下的表达方式。就好像一个人通过阅读大量的书籍来积累语言知识一样。

其次，Transformer 具有强大的注意力机制。这种机制使得它能够在处理文本时，有针对性地关注不同部分的信息。例如，在回答问题时，它可以聚焦于问题中的关键信息，并在文本中找到与之相关的内容进行分析和回答。在翻译文本时，它可以同时考虑源语言和目标语言的特点，准确地进行转换。

再次，Transformer 是一个深度神经网络，由多个层次组成。每个层次都可以对输入的文本进行不同程度的抽象和理解。通过层层递进的处理，它能够逐步提取出文本的深层次特征，从而更好地完成各种语言任务。

最后，Transformer 可以通过不断的微调来适应特定的任务和领域。比如，针对特定的问答数据集进行微调，可以提高它回答特定领域问题的准确性。这种灵活性使得它能够在不同的应用场景中发挥出色的作用。

基于变分自编码器、生成式对抗网络、Transformer 架构以及前文提到的循环神经网络和卷积神经网络，生成式人工智能在自然语言处理领域和计算机视觉领域取得了显著发展。接下来，我们通过探究国内外在这两个领域内的创新成果来进一步了解生成式 AI 的发展情况。

（二）国外技术发展概况

1. 自然语言处理

自 2018 年以来，基于 Transformer 架构的自然语言处理模型开始逐步涌现，其中最著名的就是 OpenAI 发布的 GPT 系列和 Google 的 BERT 系列。

这两类模型都需要使用大规模语料库和模型参数来进行预训练和微调。语料库的大小决定了模型能够学习到的语言知识的广度和深度，而模型参数的大小则影响着模型对这些知识的存储和处理能力。这就好比一个人的大脑，语料库就像是大脑所接触到的各种信息和经验，语料库越大，就如同大脑接触到了更广泛的世界，从而能学习到更多不同领域的知识，对事物的理解也会更全面、更深入。而模型参数则如同大脑中的神经元连接和突触强度，参数越大，意味着大脑有更多的方式来存储和处理这些信息，能够更灵活地运用所学知识进行思考、分析和表达。

从 2018 年开始，GPT 系列模型和 BERT 系列模型经过了更新迭代，所使用的语料库和参数规模不断增大，其性能也越来越强大。以 OpenAI 的 GPT 系列模型为例，2019 年发布的 GPT-2 模型，包含约 40GB 文本的语料库和 1.17 亿参数。而 2020 年发布的 GPT-3，其语料库达到了 45TB（太字节），参数量高达 1750 亿，在语言相关任务中展示出更强的性能。2022 年，OpenAI 发布了基于 GPT 模型的聊天机器人 ChatGPT，掀起了生成式 AI 热潮。2024 年 5 月，发布了 GPT 最新版本——GPT-4o，支持文本、音频和图像的任意组合输入和生成。

2. 图像生成

在图像生成领域，变分自编码器和生成式对抗网络是常用的有效生成方法，其中生成式对抗网络具有里程碑意义。基于生成式对抗网络的图像生成模型在各个领域得到了广泛应用，最具代表性的当数英伟达（NVIDIA）公司提出的 StyleGAN 系列。2018 年，英伟达公司首次提出 StyleGAN。StyleGAN 可以创造出看起来非常真实的人脸图像，能够将一种艺术风格或纹理应用到另一张图片上，还可以在已有的图像基础上，进行细节调整或风格修改。之后，英伟达公司对 StyleGAN 进行了改进和升级，又陆续推出了 StyleGAN2、StyleGAN3 等版本。

随着 Transformer 架构的出现，在图像生成领域又出现了一批基于 Transformer 的生成模型，如 2020 年 Google 提出的 Vision Transformer 和 2021 年微软提出的 Swin Transformer，二者都可以用于图像识别和分类。

此外，扩散模型的引入实现了优质的图像生成效果，并带来了文本生成图像的新方式。2021 年 1 月，OpenAI 发布了基于扩散模型的文本生成图像模型 DALL-E，只需要简洁的文字描述，就能够生成全新的高质量图像。其后，DALL-E2 和 DALL-E3 相继问世。除了 DALL-E 系列之外，Stability AI 和 Midjourney 公司于 2022 年分别推出了

Stable Diffusion 和 Midjourney，图像生成能力强大，能够生成高质量、逼真且富有创意的图像，促使生成式 AI 图像生成领域的质量标准大幅提升。

3. 多模态生成

Transformer 和扩散模型同时作为视频生成模型的支撑技术，为视频创作领域带来了革命性的变化。2023 年，Runway 推出的 Gen-2 以及 Pika 发布的同名产品，能够依据文字描述分别生成时长为 3 秒和 18 秒的连贯视频。到了 2024 年，OpenAI 和 Google 先后发布了视频生成模型 Sora 和 Veo，二者均可以根据文字描述和静态图片创作出时长可达 1 分钟的高质量视频内容。这些创新推动着视频创作不断向更高效、更智能的方向发展。

 **知识链接**

扩散模型

扩散模型是一种强大的图像生成模型，其灵感来源于物理学中的扩散现象，即物质从高浓度区域向低浓度区域的传播过程。在扩散模型中，通过逐步向原始数据添加噪声，使数据逐渐变得类似于随机噪声，然后学习如何从这个噪声状态中恢复出原始数据，类似于从模糊的照片中还原出清晰的图像。

想象一下，就好像有一个画家，一开始在画布上随意泼洒各种颜色，看起来毫无规律，但是通过逐步的调整和细化，最终画出了一幅美丽的画作。

在这个过程中，扩散模型会学习数据的特征和规律。它先了解真实的数据是什么样子的，然后从混乱的状态向着真实数据的方向不断努力。比如说要生成一张猫咪的图片，它会从一些模糊的像素点开始，逐渐让这些像素点变得更加清晰，长出耳朵、眼睛、嘴巴等猫咪的特征，直到最后变成一只活灵活现的可爱猫咪。

扩散模型在图像生成等领域发挥着巨大的作用，主要应用于以下这些领域。

图像生成：可以根据给定的描述或条件生成逼真的图像，如 DALL-E 系列模型能够根据文本描述生成相应的图像内容。

音频合成：用于生成新的音频片段，如音乐、语音等，为音频创作提供新的思路和方法。

自然语言处理：虽然在自然语言处理领域的应用相对较新，但也有研究探索其在文本生成、语言翻译等方面的潜力。

数据增强：通过生成新的样本来扩充训练数据集，提高模型的泛化能力和性能，尤其在数据稀缺的情况下非常有用。

其他领域：如在医学影像分析中生成合成的医学图像，帮助医生进行疾病诊断和研究；在材料科学中模拟材料的结构和性质等。

（三）国内技术发展概况

1. 自然语言处理

2017 年，随着 Transformer 架构的提出，国内顶尖大学和研究机构也逐步加大了在自然语言模型方面的研发投入。2021 年阿里巴巴达摩院发布中文语言模型 PLUG（Pre-training for Language Understanding and Generation）。这个模型拥有 1TB＋的语料数据和 270 亿参数，是当时全球最大规模的中文语言模型。

2023 年，随着 ChatGPT 的爆火，国内也涌现出众多大语言模型。复旦大学自然语言处理实验室发布国内首个类 ChatGPT 聊天机器人 MOSS，可以生成对话、编程、回答问题。随后，百度发布文心一言，科大讯飞、华为、阿里、腾讯等头部科技企业纷纷推出星火大模型、盘古大模型和通义千问、混元大模型等语言模型，应用于自然语言处理场景中。其中，商汤科技推出国内首个综合性能超越 GPT-3.5 的大语言模型书生·浦语（InternLM），其参数量为 1040 亿（图 1-1）。

图 1-1　书生·浦语网站界面

（资料来源：https://internlm.intern-ai.org.cn/）

2. 图像生成和多模态生成

随着国内生成对抗网络、扩散模型等技术的广泛应用，AI 图像生成技术取得了显著提升。2022 年，百度推出国内首个技术自研的 AI 作画系统——文心·一格。除此之外，阿里的通义万相、万兴科技的万兴爱画、腾讯的 AI 绘画等产品先后亮相，具有更强大的中文理解能力以及更偏东方审美的绘画创作能力。

在多模态生成领域，国内也积极探索将文本、图像、音频等多种模态进行融合的技术。中国科学院自动化研究所在多模态大模型研究方面取得了显著成果。他们推出了"紫东太初"全模态大模型，这是一个拥有千亿参数的多模态大模型（图 1-2）。2023 年"紫东太初"升级的 2.0 版本在文本、语音、图像的基础上，新增了视频、传感信号等模态，能理解、生成和关联图像、视频、传感信号等模态，功能更强大。

图1-2　紫东太初大模型界面

（资料来源：https://taichu-web.ia.ac.cn/）

从上述的内容中我们可以认识到，生成式人工智能能够从海量的数据中学习，并根据人类文本指令，将我们所需要的信息更加便捷和直观地呈现给我们。这深刻地改变了我们获取信息的方式和途径。无论是在工作、学习还是生活中，生成式人工智能技术让我们能够更加轻松地应对复杂多变的世界。

生成式人工智能技术在给我们带来便利的同时，也引发了一些挑战和问题。例如，生成内容的版权归属问题尚待明确、生成的内容可能存在准确性和可靠性的疑虑、过度依赖 AI 可能会导致人类创造力的削弱等。我们需要清醒地认识到这些问题的存在，在合理运用它的同时，积极寻求解决方案。

三、生成式人工智能在旅游产业中的应用

随着生成式人工智能的快速发展，相关技术已在旅游产业中广泛应用。它不仅全方位提升了旅游服务的质量与游客的体验，同时也为旅游企业带来了成本降低、效率提升和创新驱动。接下来，我们将从游客和旅游供应商两个不同的角度，探讨生成式人工智能在旅游产业中的实践应用。

（一）生成式人工智能在游客端的应用

1.行程规划

定制旅行计划：游客只需分享自己的旅行目标、兴趣点、预算范围以及时间安排，生成式人工智能便能设计出一套专属的旅行计划。

调整优化行程：生成式人工智能具有高度的灵活性，允许游客根据自己的需求和偏好，随时对行程进行调整和优化，确保每一次旅行都能满足个人的期望并带来难忘的体验。

2. 实时信息更新

航班动态与住宿选择：借助生成式人工智能，游客可以获取最新航班状态和酒店实时价格与空房情况，这些更新的推荐服务让行程的每一步都尽在掌握，方便游客随时做出相应的调整。

天气状况早知道：生成式人工智能提供目的地天气的即时更新，包括任何可能对旅行计划造成影响的气象变化，确保游客能够提前准备，应对各种天气条件。

全面信息覆盖：除了天气，生成式人工智能还持续监测并更新其他可能影响旅游体验的因素，如交通状况、当地事件等，为游客提供全方位的实时信息，保障旅途的顺畅和无忧。

3. 推荐服务

目的地推荐：生成式人工智能通过先进的算法，分析用户的旅行历史记录，精准捕捉并推荐与用户喜好相符的目的地。

本地化推荐：生成式人工智能可以深入挖掘用户的个性化需求，结合用户的兴趣、口味偏好，提供本地化的玩乐和餐厅推荐。

4. 一站式平台服务

生成式人工智能为旅游者提供了一个全面的服务平台，涵盖了从查询、预订到旅行指南和行程规划工具的各个环节，用户可以轻松管理自己的旅行计划。

此外，生成式人工智能工具可以帮助游客生成高质量和富有创意的社交媒体内容，进而通过协助分享和回忆旅行记忆，延长旅行满意度和愉悦感。

（二）生成式人工智能在旅游产业端的应用

1. 景区

个性化路线导游：生成式人工智能技术能够深入分析景区的特色，设计并提出多样化的游览路线，满足不同游客的个性化需求。

导览解说：结合景区的历史背景和自然景观，生成式人工智能可以提供详尽的导览解说服务，将文化典故、自然风貌和生态知识等生动地呈现给游客，加深其对景区的认识和体验。

趣味体验：生成式人工智能工具还能为游客创造独特的趣味体验，如对游客拍摄的照片或视频进行智能编辑和个性化处理，转化为独一无二的旅行纪念品。

2. 博物馆

文物数字化和藏品管理：生成式人工智能技术能够高保真地还原复杂物体的真实全貌，并且协助编目、管理和保存博物馆藏品，包括数字档案和历史文件，为文物数字化和藏品管理提供技术支持。

展览设计：通过深入洞察游客的行为和偏好，生成式人工智能可以助力策展人设计出更加引人入胜的交互式展览。例如，创建能够响应访客行为的交互式装置，增强展览的互动性和体验感。

虚拟导览：结合生成式人工智能技术，博物馆能够提供沉浸式的虚拟导览服务，让游客通过数字化手段深入体验互动展览。

3. 酒店

宣传营销：利用数字人技术生成人工智能探店营销视频，将旅游产品或服务的特色与优势生动地展现出来，然后在各大热门的视频内容平台进行发布，从而吸引大量的客流量。

智能管家：让 AI 完成那些重复性强、流程较为固定的工作，如常见问题的解答、预订信息的确认等，能够显著提升业务处理的效率，大大减少人工处理的时间和工作量，同时也能有效减轻人员的服务压力，使服务人员能够将更多的精力投入更复杂和需要人性化处理的事务中。

业务智能管理：部分财务事务、流程处理以及故障处理等内容，可以交由 AI 来完成，实现业务管理的智能化和高效化。

4. 节庆活动

氛围营造：通过运用生成式人工智能技术可以生成演出画面和裸眼 3D 环境，打造充满科技潮流感的独特氛围，让参与者仿佛置身于梦幻般的场景之中。

艺术创作：在音乐和视频等艺术创作领域，可以借助生成式人工智能打造独一无二的作品，为各类节庆活动增添吸引力。

虚拟主持：可以运用生成式人工智能构建数字人解决方案，打造高度拟人的数字人，配置数字语音，完成主持活动，与游客进行互动交流。

5. 旅游企业

智能出行推荐：当用户没有明确的旅游目的地时，生成式人工智能可以根据用户的偏好、预算、时间等因素，推荐合适的旅游目的地、酒店、景点以及行程规划等，为用户提供更多的选择和灵感。

打造特色榜单：生成式人工智能算法可以基于平台数据库，对酒店、景点、行程的常用主题推荐进行人工校验并形成了"口碑榜""热点榜""特价榜"等特色榜单。这些榜单可以根据用户的需求和偏好，为用户提供更有针对性的推荐和参考，如"特价榜"能动态地为用户提供平均省预算的航班推荐。

客服响应：利用生成式人工智能提高客服回复的效率，实现多语言的自助回复、邮件和电话语音的自助解决服务，快速处理常见问题和咨询，减轻人工客服的压力，为游客提供更加便捷和高效的服务体验。

我们可以看到生成式人工智能正在成为旅游产业创新的催化剂，它通过提供行程规划、实时信息更新、智能推荐服务、一站式平台服务等功能，极大地丰富了游客的旅行选择，提高了旅行的便捷性和舒适度。同时，还为旅游供应商带来了创新的服务方式和营销策略，显著提升了整个行业的服务水平和运营效率。

在未来，生成式人工智能将继续推动旅游产业的革新，为游客带来更加精彩纷呈的旅行体验，为旅游供应商提供更加智能化的运营解决方案，共同开启旅游产业的全新篇章。

项目二　生成式人工智能主要工具认知

AIGC 生成内容涵盖文本、图像、音频、视频这四类基本形式，而不同形式的内容所运用的生成式人工智能工具存在差异。接下来，我们将以 AIGC 生成内容的形式为切入点，去认识生成式人工智能的主要工具[①]。

一、文本生成

文本生成作为 AIGC 在自然语言处理领域的重要组成部分，不仅丰富了人类的信息获取方式，还极大地提高了内容创作的效率与多样性。根据生成模式的不同，文本生成可以细分为文本生成文本（Text-to-Text Generation）和多模态文本生成（Multi-modal Text Generation）两大类。

（一）文本生成文本

文本生成文本能够依照不同的场景和设定的要求，自动创作出相应的文本。例如，通过对原始文本的剖析来生成精准的摘要或者富有吸引力的标题；把一种风格的文本转变为另一种风格；直接生成完整的文章，像新闻稿、营销文本、作文等。像 SummarizeBot、TextSummarizer 这类工具，支持自动生成文章摘要并且提取关键要点，能把长文本转化为短文本摘要。

同时，AIGC 文本生成可以依据用户实时输入的需求以及给出的反馈来持续调整和优化生成的内容。就像聊天机器人会依照用户的提问和交流予以回答，这些回答并非一成不变的，而是会伴随交流的深入以及用户需求的改变而不断变化和完善。如 Character.ai、Replika、Glow 等工具或平台，能够塑造出具备不同性格和特点的虚拟角色，和用户展开深度的互动交流。

以 ChatGPT 为代表的聊天机器人是当前可用于生成文本的主流工具之一，可以帮助我们进行自然语言处理，实现问题回答、文稿撰写、机器翻译、自动文摘等多种功能。类似的工具还有百度的文心一言、阿里的通义千问等（表 1-1）。

（二）多模态文本生成

多模态文本生成是一种将多种模态的信息融合并生成文本的技术。它不局限于单纯的文字处理，而是涉及图像、音频、视频等多种形式的数据与文本的相互转换和结合。

---

① 注：表 1-1 至表 1-5 中所列工具仅为推荐使用，更多工具可参考网络 AI 工具集进行选择。
推荐 AI 工具集：https://www.waytoagi.com/sites?tag=3。

表 1-1　AIGC 文本生成工具一览

类型	工具名称	描述
文本生成	SummarizeBot	自动生成文章摘要和提取关键要点的工具
	TextSummarizer	将长文本生成短文本摘要
	Character.ai	自定义 AI 角色对话聊天
	ChatGPT	OpenAI 推出的 AI 聊天机器人和智能对话助手
	Kimi 智能助手	月之暗面推出的支持超长上下文的 AI 聊天助手
	文心一言	百度推出的 AI 聊天机器人
	豆包	字节跳动推出的 AI 聊天机器人
	通义千问	阿里推出的模型聊天助手
	智谱清言	智谱 AI 推出的智能对话应用

在多模态文本生成中，常见的应用包括根据给定的图像生成描述性的文本，如为一幅艺术画作撰写解读文字，或者为一张风景照片配上生动的解说。此外，还有从音频数据生成对应的文本，如将语音通话内容转换为文字记录，或者将音乐中的情感和主题用文字表达出来。例如，Image Caption Generator 能够为给定的图像生成简洁而准确的描述文字；Speech-to-Text Converter 则擅长将音频数据快速转化为文本形式。

二、图像生成

AIGC 在图像生成领域的应用极大地推动了数字艺术创作、设计、娱乐等多个行业的发展。通过深度学习和神经网络技术的进步，AI 已经能够创造出逼真、富有创意且高度个性化的图像作品。这一领域的图像生成主要可以分为两大方向：图像编辑修改和图像自主生成。

（一）图像编辑修改

图像编辑修改是在已有图像的基础上，利用 AIGC 技术进行局部调整、风格转换、元素添加或删除等操作，以满足特定的需求或创造新的效果。具体来看，图像编辑修改包括图像属性编辑与图像部分编辑两个方面。就图像属性编辑而言，可以直观地将其视作经 AI 降低操作门槛的 PhotoShop。如去除图像水印、自动优化光影效果、添加滤镜、复制或修改图像风格、提高分辨率等。而在图像部分编辑方面，指的是对图像的特定部分进行局部修改、调整面部特征以及进行图像换脸等操作（表 1-2）。

（二）图像自主生成

图像自主生成是通过 AIGC 算法和模型实现对图像的自主全新生成，可以为用户提供更加多样化的图像服务，如参照图像生成图像、多模态图像生成等。

图像生成图像主要涵盖依据草图生成完整图像、将多张图像有机组合以生成新图像以及指定属性生成目标图像。多模态图像生成主要包括文本生成图像 Talking face。文本生成图像是指根据给定的文本描述，自动生成与之对应的图像。例如 DELL·E、Midjourney 等，都支持根据各种文本描述生成高质量且极具创意的图像。Talking face 主要是指将一段音频转换为人脸动画或视频，在视频游戏、虚拟数字人、影视制作中应用广泛。如 Geneface 是由浙江大学与字节跳动提出的新模型，可以利用任意语音音频生成逼真的说话人视频（表 1-3）。

表 1-2　AIGC 图像编辑工具一览

类型	工具名称	特征
图像编辑修改	Prisma	拥有丰富多样且极具创意的艺术风格滤镜，能够将普通的照片转化为具有凡·高、毕加索等著名艺术家风格的作品
	Versa	人工智能视觉创作 App，运用神经网络技术学习艺术大家的绘画技法和笔触，能将普通照片变成艺术品，把大师级的艺术技法和细腻笔触融入照片元素中，呈现多种渲染风格
	美图秀秀	有清新、复古、梦幻等多种风格的滤镜和特效可供选择，还具备美颜、贴纸、文字添加、裁剪、调色等众多实用功能，操作简单易上手
	英伟达 CycleGAN	可以实现图像风格迁移和转换，如将马的图像转换为斑马的图像，将照片转换为油画、漫画风格
	Metaphysics	可调节自身照片的情绪、年龄、微笑等
	Deepfake	可将已有的图像和影片叠加至目标图像或影片上，实现图像换脸

表 1-3　AIGC 图像自主生成工具一览

类型	工具名称	特征
图像自主生成	DALL·E	具备强大的图像生成能力，能依据输入的文本描述，生成逼真、富有创意且独特多样的图像，不限于常见场景和物体
	Stable Diffusion	免费、开源的 AI 图像生成器，用户输入文本描述，系统就自动生成优秀的艺术渲染作品，以生成高分辨率、逼真的图像著称，具有出色的细节和真实感
	Midjourney	可以通过输入一系列文本描述生成一组相关的图片来形成图片故事或概念图，能按照指定风格生成相应图片，生成图像分辨率高达 4000×4000 像素
	NightCafe	一款近期流行的 AI 艺术生成器，新手容易上手，基于信用积分系统，用户可通过参与社区活动赚取积分，具有社交功能丰富、能将作品分类、可批量下载、能创建视频、可购买作品印刷品等特点
	文心一格	操作简便、风格多样，用户通过输入文字描述即可生成精美的图像，涵盖国风、油画、水彩等多种艺术风格
	通义万相	具有出色的语义理解能力和画面表现力，支持多种风格图像生成以及相似图片生成、图像风格迁移等功能

三、音频生成

在生成式人工智能的广阔领域中，音频生成作为一项前沿技术，正逐步渗透到我们日常生活的方方面面，从教育、娱乐到广告、媒体制作等多个行业。AIGC 音频生成技术通过深度学习和复杂的算法模型，实现了从文本、图像乃至其他形式的数据中自动生成高质量、个性化的音频内容。

（一）文本转语音

文本转语音（Text-to-Speech，TTS）是应用于特定场景下的文本生成语音技术，能够根据用户和场景的需求，生成符合要求的语音。主要应用包括文本到语音合成和语音克隆。文本到语音合成即输入文字，输出特定说话人的语音，像是数字人的播报、语音客服等。如国内的科大讯飞、思必驰等企业都拥有领先的音频生成技术，被应用于智能客服系统、智能导航等领域。

语音克隆是给定一段目标语音，将输入的语音或文字转换为目标语音中说话人的语音，其可视为指定说话人的语音合成任务，主要应用于智能配音等场景。如MockingBird、喜马拉雅等。MockingBird是一个开源的语音克隆程序，能在短时间内克隆用户的声音，并利用克隆后的声音生成任意语音内容，支持普通话。喜马拉雅研发珠峰语音生成大模型，可极速克隆声音，快速生成定制音频，用少量数据即可克隆出90%相似度的基本音色。

（二）音乐生成

音乐生成包括歌曲创作及特定乐曲生成。AIGC在词曲创作中的功能可被逐步拆解为作词、作曲、编曲、人声录制和整体混音。AIGC支持基于开头旋律、图片、文字描述、音乐类型、情绪类型等生成特定乐曲。如OpenAI发布的MuseNet，可以模仿10种不同乐器，用户可以基于自己的需求生成乡村、古典、摇滚等多种风格的音乐作品。

（三）跨模态生成

音频还可以跨模态生成，即文本生成音频、图像生成音频、视频生成音频等。如北京大学和浙江大学联合火山语音推出的Make-An-Audio，只要用户输入文本、图片或视频，它就可以生成逼真的音效（表1-4）。

表1-4　AIGC音频生成工具一览

类别	工具名称	特征
音频生成	Amazon Polly	Amazon Polly是亚马逊提供的一项语音合成服务，拥有多种逼真的语音选择，可支持多语言，能生成自然流畅且高质量的音频
	Descript	Descript是一个集音频和视频编辑、转录、屏幕录制、远程录制、AI语音及多种AI功能于一体，能通过编辑文本实现音视频剪辑
	Genny by LOVO AI	Genny by LOVO AI是由LOVO AI推出的一款语音生成工具，它能够利用人工智能技术生成自然逼真的语音，可应用于多种场景，如内容创作、有声读物制作、广告配音等
	Natural Reader	提供多种自然清晰的语音选项，包括不同的性别和语言，而且能够朗读多种格式的文档，如PDF、Word、网页等，支持调节朗读速度、音量和语音语调，可用于辅助阅读、学习语言、制作有声读物等多种场景

续表

类别	工具名称	特征
音频生成	Murf.ai	具有直观、简洁的用户界面，即使是没有专业技术背景的用户也能轻松上手操作，快速完成语音合成与相关设置，广泛应用于视频制作、有声读物、广告配音、电子学习材料、播客等领域。比如在教育领域，可用于制作教学音频资料
	TTSmaker	完全免费的在线文字转语音工具，支持多种语言和丰富的语音风格，操作简单，还可商用，每周有一定免费字符额度，能满足日常多种需求

四、视频生成

视频生成是一项极具创新性和应用前景的技术，它不仅能够极大地丰富数字内容创作的边界，还推动了影视、广告、教育等多个行业的变革。AIGC 视频生成技术主要可以根据使用场景细分为两大类别：视频编辑和视频自主生成。

（一）视频编辑

视频编辑可应用于增强视频画质、修复视频、剪辑视频等方面。例如，Adobe Premiere Pro、剪映等。Adobe Premiere Pro 提供全面的视频剪辑、调色等功能。剪映支持视频剪辑、拼接、调速、添加字幕、贴纸、滤镜、音乐等功能，具备强大的编辑能力和丰富的素材库等。

（二）视频自主生成

视频自主生成可应用于图像生成视频、文本生成视频、视频生成视频等方面。在图像生成视频中，它可以将一系列静态图像转化为生动的视频内容。例如，对于一组风景照片，通过特定的算法可以使其平滑过渡，添加动态效果如云彩飘动、水流涌动等，从而生成一段精美的自然景观视频。这在旅游宣传、摄影作品展示等方面具有极大的价值，能够让观众更直观地感受图像所传达的魅力。

文本生成视频则为内容创作带来了全新的可能性。当给定一段文字描述，如小说中的一个场景、新闻报道中的事件或者创意故事等，视频自主生成技术可以将这些文字转化为栩栩如生的视频画面。它可以根据文本中的人物、地点、情节等要素，自动选择合适的场景、角色和动作，生成富有表现力的视频。可用于影视制作前期的创意构思、广告创意的快速可视化以及教育领域的故事讲解等任务之中。

视频生成视频，可以对已有的视频进行分析和理解，提取关键特征和风格，然后生成具有相似风格或内容扩展的新视频。比如，对体育赛事视频进行分析，生成精彩瞬间的集锦视频（表 1-5）。

表 1–5　AIGC 视频生成工具一览

类别	工具名称	特征
视频自主生成	Sora	Sora 是 OpenAI 推出的文本到视频模型，能够生成高质量、长时长的视频，具备多角度镜头变换、世界模型模拟物体交互、基于扩散模型和 Transformer 等特征，在视频生成领域表现出色
	智谱 AI 清影	支持文生视频、图生视频，用户可以根据自己的需求选择包括卡通 3D、黑白、油画、电影感等多种风格
	可灵 Kling	快手大模型团队自研的视频大模型，支持图生视频、文生视频
	Runway Gen–3	Runway Gen–3 是一款由 Runway 公司推出的视频生成模型，具有高保真视频生成、精细动作控制、逼真人物生成、多模态输入等特征，支持文字转视频、图像转视频、文字转图像等多种创作方式
	Stable Video	Stable Video 是由 Stability AI 推出的视频生成工具，既支持输入描述性文字的文本到视频转换，也支持以图片为基础制作视频。能多视图生成，从不同角度展现创意以丰富观看体验，支持 3D 场景打造立体效果
	Phenaki	Phenaki 是谷歌推出的一款具有创新性的文本转视频模型，能够根据输入的文本描述，生成时间上连贯且多样化的视频，甚至能基于一系列的提示（故事）来创作长达几分钟的视频，还可以任意切换视频的整体风格
	Pictory.ai	Pictory.ai 能将文本脚本、博客文章等多种内容轻松转化为专业质量的视频，还可从长视频中提取精彩片段并转化为适合社交媒体的短视频；能自动添加字幕以增加观看范围和时间。适合课程创建者制作教学视频、商业专业人士制作企业宣传视频、内容创作者创作吸引人的视频内容
	Pika	生成视频风格多样，包括 3D 动画、动漫卡通以及电影等。不仅能直接生成视频，还允许用户上传已有图片并添加提示字来生成自定义视频

项目三　生成式人工智能功能解析

一、生成文字

（一）文本创作

1. 文章写作

生成式人工智能能够根据给定的主题或关键词生成高质量的文章。在新闻领域，生成式人工智能可以自动撰写新闻报道，快速整合事件信息、生成客观准确的新闻内容。举例来说，美联社采用智能写稿平台 Wordsmith 每秒能撰写 2000 篇报道；在中国，新华社的机器人记者"快笔小新"在 3 ~ 5 秒就可以完成一篇体育或财经稿件。

在文学创作方面，生成式人工智能可以生成小说、诗歌、散文等各种文学体裁的作品。诗集《阳光失了玻璃窗》和科幻作品《机忆之地》，都是利用生成式人工智能创作的文学作品代表。

2. 创意文案

生成式人工智能可以为广告、营销和社交媒体等领域提供创意十足的文案。例如，对于一款新推出的智能手机，输入产品特点和目标受众信息，生成式人工智能可以生成多个吸引人的广告文案。在社交媒体营销中，生成式人工智能能够根据品牌的定位和活动主题，生成适合在微博、微信等平台发布的文案。

（二）语言翻译和文本润色

1. 语言翻译

生成式人工智能可以实现不同语言之间的快速准确翻译。例如，输入一段中文文本，生成式人工智能可以将其翻译成英文、法文、德文等多种语言。在翻译过程中，不仅能够准确传达原文的意思，还能根据不同语言的表达习惯进行适当的调整，使翻译后的文本更加自然流畅。例如，利用 ChatGPT 将"中国的传统文化源远流长，博大精深。"翻译成英文"Chinese traditional culture has a long history and is extensive and profound."翻译后的文本既准确地表达了原文的含义，又符合英语的表达习惯。

2. 文本润色

利用生成式人工智能对已有的文本进行优化和润色，可以提高文本的质量和可读性。例如，一篇论文初稿中存在语法错误、表达不清晰等问题，输入该文本后，生成式人工智能可以进行语法检查、词汇替换和句子结构调整等操作，使论文更加规范、严谨。

（三）智能问答和对话生成

1. 智能问答

生成式人工智能工具可以回答用户提出的各种问题，提供准确的信息和解决方案。例如，在在线客服领域，当用户咨询产品使用方法、售后服务等问题时，生成式人工智能可以快速给出详细的回答，提高客户满意度。在生成式人工智能上，输入问题，如"什么是人工智能？"生成式人工智能可以生成一篇关于人工智能的定义、应用领域等方面的解答，为用户提供相关知识。

2. 对话生成

生成式人工智能还可以模拟人类对话，进行自然流畅的交流。例如，在聊天机器人应用中，用户可以与聊天机器人进行日常对话，聊天机器人能够根据用户的输入进行回应，提供陪伴、学习和娱乐。像 AIGC 工具海豚 AI 学（图 1-3），可以让学习者通过语音或文字，与 AI 爱因斯坦等名人进行"超时空对话"，进而开展对话互动。

二、描绘图片

（一）文本生成图像

1. 根据文本描述生成图像

生成式人工智能可以根据用户提供的详细文本描述，生成图像。例如，用户输入

图 1-3　海豚 AI 学网站界面
（资料来源：https://www.haitunzixi.com/download）

"一片美丽的花海，有五颜六色的郁金香和蓝天白云作为背景"，生成式人工智能能够准确理解这些描述性词语，生成一幅色彩鲜艳、细节丰富的花海图像，其中郁金香的形状、颜色以及蓝天白云的层次感都能得到很好的呈现。

2. 艺术风格模仿

生成式人工智能可以模仿各种艺术风格来生成图像。如要求生成一幅中国水墨画风格的动物图像，它能模仿水墨画的墨色浓淡、线条粗细变化等特点，生成具有中国传统艺术风格的图像。

3. 创意概念可视化

对于一些抽象的创意概念，生成式人工智能也能将其转化为图像。例如，对于"未来城市的交通方式"这样的抽象概念，它可以生成充满科技感的飞行汽车、高速磁悬浮列车等在未来城市中可能出现的交通场景图像，帮助人们更好地理解和想象这些创意概念（图 1-4）。

（二）视觉设计

1. 设计元素生成

生成式人工智能能够快速生成各种设计元素，如图形、图案、纹理等。这些元素可以用于网页设计、广告海报、包装设计等方面，丰富设计的表现形式，提高设计的效率和多样性。例如，纹理生成 AI 软件 Substance Designer 可以创建逼真的材质纹理，如金属、木材、石材等。在网页设计中，可以为按钮、图标等元素添加质感纹理。

2. 色彩组合生成

生成式人工智能可以根据设计的主题和目标受众，提供合理的色彩搭配方案。例如，色彩方案生成工具 Coolors 可以生成不同的色彩组合，设计师可以根据这些独特的色彩组合来描绘图案。

图1-4 文心一格文本生成图像

三、音频制作

（一）语音合成

1. 文本转语音

生成式人工智能可以根据给定的文本和语音样本，模拟不同的声音特点和情感色彩，生成逼真的语音内容。例如，微软的文本转语音模型——VALL-E，它经过6万小时的英文语音训练，可根据文本和3秒语音样本生成高度接近人类的声音，就连音调、情感状态和环境状况都能保留。还有，OpenAI 推出的语音生成工具 Voice Engine，能根据15秒音频样本生成相似语音，结合大语言模型可以实现与学生的实时互动，已经被应用到教育实践中。

2. 语音助手

在语音助手中，生成式人工智能合成的语音可以更加自然地与用户进行交流，提高用户体验。2023 年，天猫精灵团队训练了脱口秀演员鸟鸟的声音，结合 ChatGPT 推出了个性化语音助手——鸟鸟分鸟，呈现在天猫精灵智能音箱中。鸟鸟分鸟拥有鸟鸟的音色、语气、表达方式，唤醒一次，即可与"鸟鸟分鸟"不间断自由语音对话，真正实现个性化语音交互。

（二）音乐生成

1. 自动生成

生成式人工智能具备强大的分析能力，能够深入剖析大量的音乐样本，精准地理解其中蕴含的规律，进而自动创作出全新的旋律、和声以及节奏。Suno AI 便是这样一种典型的 AIGC 音乐生成器，它具有独特的功能，能够依据文字描述生成多种风格各异的音乐。2024 年 3 月，Suno AI 发布了 V3 版本，能够在短短数秒之内创作出时长两分钟的完整歌曲。

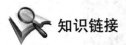 知识链接

这个春天，用 AI 生成《我的未来主打歌》唱响两会好声音

在 2022 年的全国两会期间，广东网络广播电视台紧跟科技潮流，利用人工智能技术推出了一款前所未有的音乐互动产品——《我的未来主打歌》（图 1-5）。这款产品的诞生，不仅为两会报道增添了新意，更是 AI 技术在文化创作领域的一次成功应用。

AI 写歌，三秒成曲

《我的未来主打歌》以"AI 写歌，为中国加油"为核心概念，利用 AI 强大的数据处理能力，实现了词曲编唱的快速生成。用户只需动动手指，选择未来关键词和身份，AI 就能在瞬间完成个性化歌曲的定制。这种低门槛、高效率的创作方式，让即便是音乐小白也能轻松体验到创作的乐趣，感受到 AI 技术带来的智慧与便捷。

科技融合艺术，创新内容形态

在《我的未来主打歌》中，AI 与艺术的融合达到了新的高度。虚拟歌手陈水若通过 DNN Singing Model V7 框架打造，引入了深度神经网络与注意力机制，歌声超级自然，仿佛真人演唱一般。这种创新的内容形态，不仅提高了制作效率，还提升了智能化水平，为用户带来了前所未有的沉浸式体验。

歌词暖心，共鸣两会热点

歌词方面，《我的未来主打歌》紧扣两会热点议题，如粤港澳大湾区发展、全过程人民民主、生态文明、乡村振兴等，用暖心且贴近年轻人的语言表达了对未来美好生活的畅想。这些歌词不仅体现了"民之所盼，政之所向"，还巧妙地与政府工作报告相呼应，传递出积极向上的正能量。

衍生产品，拓宽传播渠道

除了《我的未来主打歌》本身，广东网络广播电视台还推出了一系列衍生产品，如"唱响两会好声音"系列短视频、动画《体育魂燃起来》以及 AI 技术创唱的主题歌曲《宝藏姐姐》等。这些产品以多样化的形式展现了 AI 技术在内容生产上的广泛应用，进一步拓宽了传播渠道，增强了话题的热度和影响力。

《我的未来主打歌》作为 AI 技术在音乐创作领域的一次成功尝试，不仅展现了科技的力量和魅力，更为媒体融合发展提供了新的思路和方向。未来，随着 AI 技术的不断发展和创新

图 1-5　《我的未来主打歌》主界面

应用，我们有理由相信会有更多类似的产品涌现出来，为我们的生活带来更多惊喜和可能。

（资料来源：https://gdxk.southcn.com/xwbd/content/post_1227270.html）

2. 辅助创作

在音乐创作过程中，生成式人工智能技术能够从现有的歌曲中提取各种音乐信息，如歌词、旋律、和弦进程、使用的乐器及其音色等，这些信息可以被重新组合和应用，为音乐创作者提供丰富的灵感。例如，腾讯的琴乐大模型只需输入中英文关键词、描述性语句或音频，就可以直接生成乐谱，音乐人可以对已生成的乐谱进行自动编辑操作，这为音乐人提供了很大的创作灵活性（图 1-6）。

图 1-6　腾讯琴乐大模型平台

（资料来源：https://y.qq.com/venus/?ref=pidoutv.com#/venus/aigc/guide）

四、影视创作

（一）剧本创作

生成式人工智能技术可以根据给定的主题、风格和关键词，自动生成电影情节构思，并能够根据角色的性格、背景和情感状态，自动生成符合角色特点的对白。此外，生成式人工智能还可以对已有的剧本结构进行分析和优化，提供修改建议。在生成式人工智能剧本创作方面，2020 年，美国普查曼大学的学生借助 OpenAI 的大模型 GPT-3 进行剧本创作，并制作出了一部短片《律师》；在国内，数字化娱乐科技公司海马轻帆也推出了"小说转剧本"智能写作功能，已为包括《你好，李焕英》《流浪地球》等爆款作品在内的众多影视剧剧本提供服务。2022 年，Google 的 DeepMind 发布了 AI 写作模型 Dramatron，专门用于剧本创作。

（二）角色及场景创作

1. 角色创作

生成式人工智能技术对影视角色的创作包括角色重塑和虚拟角色生成。角色重塑是借助 AI 技术手段合成人脸与声音等，从而"数字复活"已故演员、替换"劣迹艺人"、实现多语言译制片的音画同步、助力演员跨越角色年龄限制等，减少由于演员自身局限给影视作品带来的影响。如《流浪地球 2》剧组利用 AI 换脸技术实现了演员面部年轻化，以及对声带受损的演员声音进行了声音修复。

虚拟角色生成，也就是利用生成式人工智能技术生成影视作品中的数字人。阿里大文娱自研 AI 技术生成的国内首个数字人演员"厘里"，在 2023 年参演漫改真人剧《异人之下》（图 1-7）。

2. 虚拟场景合成

生成式人工智能技术还支持虚拟场景合成，将无法实拍或成本过高的场景生成出来，大大拓宽了影视作品想象力的边界。国内热播剧《热血长安》中的不少场景，就是

图 1-7　数字人演员"厘里"

通过 AI 技术生成的。工作人员在前期大量采集了场地实景，再配合特效进行数字建模，制作出栩栩如生的拍摄场景。演员则在影棚绿幕前表演，工作人员结合实时抠像技术，将演员动作与虚拟场景进行融合，最终生成视频。

（三）后期制作

1. 视频剪辑

生成式人工智能视频剪辑可以学习已有的剪辑风格和镜头语言，对视频进行自动选择和组接，大幅度提高工作效率。2019 年国庆大阅兵直播，央视新闻用 AI 完成分列式与群众游行视频剪辑。直播当天，阅兵方阵表演后 5 分钟内生成单个 AI 剪辑视频，并在 2 小时内完成 82 个视频剪辑输出。

2. 影视图像的修复与还原

生成式人工智能还能实现对影视图像的修复或还原，提升影像资料的清晰度，保障影视作品的画面质量，还原时代久远的经典作品。中影数字制作基地和中国科技大学合作研发了 AI 图像处理系统"中影·神思"，完成了《厉害了，我的国》《亮剑》等多部影视作品的修复。爱奇艺推出自主研发的 ZoomAI 视频增强技术，将深度学习技术应用在视频画质增强场景中，同样用于老旧影片的修复。

（四）生成人工智能影片／短片

生成式人工智能能够实现从文字生成脚本，由脚本生成分镜，再从分镜生成图画，进而由图画生成视频等一系列过程，从而完整地创作一部影片或者短片。例如，视频短片《西游记》就是完全由 AI 工具制作生成的，创作者借助 ChatGPT、Midjourney、Runway 等工具一周完成人工需渲染半年的剧情内容。而在国外，已经上映的影片《我们的终结者 2 重制版（Our T2 Remake）》，也是由 Midjourney、Runway、Pika、Kaiber、Eleven Labs、Adobe 等多个生成式人工智能工具创作而成的。

五、互动娱乐

（一）游戏制作

在游戏制作中，生成式人工智能能够根据文本生成语音、自助或协助编写代码、根据主题设计生成游戏地图、根据二维图像生成三维模型等。例如，一款名为《Generated Adventure》的游戏，制作者使用 Stable Diffusion、Midjourney 和 ChatGPT 等生成式人工智能工具，在 72 小时内完成了游戏艺术风格设计、剧情、角色、场景创建、背景音乐的制作等一系列工作。

知识链接

国产 3A 游戏《黑神话：悟空》中 AI 绘画技术的运用与探索

《黑神话：悟空》这款国产 3A 游戏在开发过程中，创新性地引入了 AI 绘画技术，显著提升了游戏原画设计的效率与品质。具体来说，游戏开发团队采用了 Stable Diffusion 和 Midjourney 这两种先进的 AI 图像生成技术。

一方面，Stable Diffusion 技术凭借其深度学习的基础，能够在短时间内生成高质量、风格多样的图像。在《黑神话：悟空》中，这一技术被广泛应用于角色设计、场景布局以及道具设计中。通过 Stable Diffusion，开发团队能够自动生成不同风格的角色原画，为设计师提供丰富的创意灵感；同时，它还能快速生成多种场景布局方案，便于设计师挑选和优化；此外，在道具设计上，Stable Diffusion 也发挥了重要作用，帮助团队自动生成各类道具原画，进一步丰富了游戏的世界观。

另一方面，Midjourney 技术则以其生成具有连贯性、故事性图像序列的能力著称。在《黑神话：悟空》中，开发团队利用 Midjourney 技术为游戏剧情、动画、过场等环节提供了强有力的支持。根据剧本内容，Midjourney 能够自动生成剧情插画，生动地展现故事情节；在动画设计方面，它能够帮助生成角色动作、表情等动画关键帧，大幅提高动画制作效率；此外，Midjourney 还通过自动生成过场动画，进一步增强了游戏的沉浸感。

这些 AI 绘画技术的应用，不仅显著提高了《黑神话：悟空》原画设计的效率，还丰富了创意素材，降低了人力成本，并有助于提升游戏的整体品质。随着人工智能技术的不断进步，AI 绘画技术在游戏产业中的应用前景将更加广阔，未来有望实现个性化定制、实时互动以及跨界融合等创新突破。

（资料来源：https://blog.csdn.net/ice_55/article/details/141423259）

（二）内容创新

生成式人工智能可以对已有的游戏进行产品更新升级，实现真正的人与 AI 的互动。举例来说，国产手游《逆水寒》将 ChatGPT 引入游戏中，实现了智能 NPC 与玩家之间的自由对话（图 1-8）。2024 年《逆水寒》会推出玩家自创 AI 智能生命体的新功能，AI 生命体就是由生成式人工智能技术创造的具有独特外貌、声音、个性的独立个体，将会成为玩家游戏中的亲密友人，共同探索游戏世界。

图 1-8　《逆水寒》手游界面

六、数据分析

（一）数据预处理与增强

1. 数据转换与标准化

AIGC 能将不同格式、来源的数据进行统一转换，比如将各种日期格式统一，把不同单位的数值标准化，便于后续分析。例如，把销售数据中不同区域使用的货币单位统一换算成美元。在实际应用中，像 DataPrep 这样的 AIGC 工具，可以自动识别不同数据源中的日期格式差异，将其统一转换为标准的"年—月—日"格式。同时，对于销售数据中的各种货币单位，它能够根据实时汇率进行换算，确保数据的一致性。

2. 数据清理

AIGC 可以自动识别并处理数据中的缺失值、异常值和重复值等问题。如检测到某行数据中年龄字段为空值，可根据其他相关信息或算法进行合理填充；发现明显偏离正常范围的异常销售数据，进行标记或修正；识别出重复的客户记录并进行合并或删除。以 CleanDataPro 工具为例，当它处理一份客户信息数据集时，对于缺失的年龄字段，会通过分析客户的其他属性如职业、消费习惯等，利用机器学习算法进行合理的年龄预测和填充。如果发现某个客户的购买金额远远超出该类商品的正常价格范围，它会将其标记为异常值，供数据分析师进一步审查。

（二）预测分析

1. 模式识别与趋势分析

AIGC 可以通过对大量数据的学习和分析，发现数据中的潜在模式和趋势。例如，AIGC 预测分析工具 TrendSpotter 可以分析多年的销售数据，发现某款电子产品在每年的第四季度销量都会大幅增长，主要原因是节假日购物季的需求增加。企业可以根据这个趋势，提前增加库存、制定促销活动，以满足市场需求。

2.精准预测

AIGC 还能够利用历史数据进行训练，对未来事件或数值进行预测，如预测股票价格走势、客户需求、设备故障时间等。以电商行业为例，根据用户的历史购买行为、浏览记录等数据，预测用户未来可能购买的商品。PredictNow 是一款 AIGC 预测工具，在电商领域，它可以分析用户的购物历史、浏览记录、搜索关键词等数据，预测用户未来一周内可能购买的商品。

（三）数据可视化

AIGC 能够帮助生成初步的可视化图表，并对图表的布局、颜色、标签等进行优化，使可视化结果更清晰、美观、易于理解。比如自动调整图表的坐标轴刻度、颜色搭配，突出显示重要的数据点或趋势。在数据分析报告中，AIGC 可视化工具 ChartEnhancer 可以对生成的图表进行优化。例如，自动调整柱状图的颜色，使不同柱子之间的对比更加明显；调整折线图的坐标轴刻度，使数据的变化趋势更加清晰。同时，工具还可以为图表添加合适的标题、标签和注释，提高图表的可读性。

项目四　生成式人工智能价值研判

一、促进内容生产

生成式人工智能在内容创作领域的潜力无可限量，它能生成涵盖文本、图像、音频和视频等多元化的内容形式。

阳光失了玻璃窗

小冰

微信读书推荐值	阅读	字数
24.1%	**271**人	**1.4**万字
23 人点评	55 人读完	2017 年 5 月出品

图 1-9　AI 创作诗集《阳光失了玻璃窗》

　　在文学领域，AI 创作的诗歌、小说和故事已屡见不鲜。2017 年，微软小冰世界首部由 AI 创作的诗集《阳光失了玻璃窗》，其中的诗歌展现出独特的语言风格和情感表达（图 1-9）。AI 创作的小说也逐渐崭露头角，一些在线文学平台开始尝试引入 AI 创作的短篇故事，为读者带来新奇的阅读体验。

　　艺术领域同样不乏生成式人工智能的身影。2018 年，由人工智能创作的肖像画《爱德蒙·贝拉米肖像》（*Portrait of Edmond Belamy*）在纽约佳士得拍卖会上拍出了 43.2 万美元的高价，成为世界上首个出售的 AI 生成的作品。这些由 AI 生成的内容丰富了我们的文化生活，为创作者们开辟了新的思路和创意源泉。

二、提升工作效率

　　生成式人工智能在众多行业中发挥着显著提升工作效率的作用，能够有效节省人力和时间成本。

　　在金融行业，大数据分析与生成式人工智能的结合使得风险评估报告的生成变得高效而准确。摩根大通利用 AIGC 技术对海量的金融交易数据进行分析，能够在短时间内生成详尽的风险评估报告，为投资决策提供有力支持。

　　医疗领域同样受益于生成式人工智能。电子病历的生成和诊断报告的撰写是医疗工作中的重要环节，生成式人工智能可以根据患者的症状、检查结果等数据快速生成准确的病历和诊断报告。例如，IBM Watson for Oncology 能够对癌症患者的病历数据进行分析，为医生提供治疗建议和诊断报告的参考。

　　在新闻媒体领域，AI 合成主播的出现是 AI 在新闻领域应用的一大新突破。2022 年，央视新闻联合百度智能云打造的 AI 手语主播正式亮相，冬奥会上她为中国听障人群带来了全程手语服务，实现了"用技术跨越声音的障碍"。从冬奥会开始，她全年无休持续工作，具有极高的工作效率。

　　这些实例充分展示了生成式人工智能在提高工作效率方面的巨大价值。

三、推动创新发展

　　生成式人工智能凭借其不断探索新组合和新模式的能力，为产品设计、科学研究和技术创新开辟了全新的可能。

　　在产品设计领域，生成式人工智能可以协助研发人员快速生成并筛选设计方案。比如，汽车制造企业运用 AIGC 技术，根据市场需求和技术参数，快速生成多款汽车外观和内饰设计方案，大大缩短了设计周期。

　　科学研究方面，生成式人工智能在药物研发中的应用成果显著。以 DeepMind 的 AlphaFold 为例，它能够准确预测蛋白质的三维结构，为药物研发提供关键的结构信息，加速了新药的研发进程。

　　技术创新方面，生成式人工智能可以帮助工程师生成新的技术架构和解决方案。例如，在软件开发中，生成式人工智能可以根据需求自动生成代码框架，提高开发效率。

四、改善用户体验

在电子商务和客户服务领域，生成式人工智能根据用户的偏好和行为生成个性化的推荐和服务，显著改善了用户体验。

电子商务平台如亚马逊和淘宝，通过分析用户的浏览历史、购买记录以及评价等数据，为用户推荐符合其兴趣和需求的商品。这种个性化推荐不仅提高了用户发现心仪商品的概率，还增加了用户的购买意愿和满意度。

智能客服方面，以京东的智能客服为例，它能够快速准确地理解用户的问题，并给出恰当的回答。通过自然语言处理技术和机器学习算法，智能客服不断优化回答的准确性和有效性，为用户提供及时、高效的服务。

五、促进跨领域融合

生成式人工智能打破了不同领域之间的界限，有力地促进了跨领域的合作与创新。

在娱乐领域，将 AIGC 生成的图像与虚拟现实（Virtual Reality，VR）技术相结合，为用户带来全新的沉浸式体验。例如，游戏开发者利用 AIGC 生成逼真的虚拟场景和角色形象，再通过 VR 设备让玩家身临其境。

在教育领域，将生成的文本与语音合成技术相结合，为有声读物和在线教育课程提供丰富的内容。例如，对于在线语言学习课程，生成式文本可以根据不同的语言学习目标和难度级别，生成对话、短文等学习材料。然后，语音合成技术以标准的发音将这些内容朗读出来，帮助学习者练习听力和口语。

这些跨领域融合的实例充分展示了生成式人工智能在推动创新和创造新价值方面的巨大潜力。

🔍 思考拓展

1. 有人说生成式人工智能的发展会导致人类创造力的退化，你是否同意这种观点？请进行深入论述。

2. 请结合具体案例，论述生成式人工智能在旅游产业中的应用如何改变了游客的旅游体验。

3. 请以"未来的智能旅游世界"为主题，使用生成式 AI 工具辅助创作一个故事，描述在生成式人工智能高度发达的未来，人们的旅游体验会发生哪些奇妙的变化。可以包括旅游目的地的选择、行程规划、景点体验等方面。

模块二　生成式人工智能基础操作

模块导入

　　作为一名热衷于探索科技前沿的 AI 使用者，或许你曾有过这样的经历：明明输入了明确的指令，但 AI 的回应却差强人意，甚至让人摸不着头脑；不同于与人类的交流，与 AI 的互动需要更加精准、具体的提问方式。同时，随着 AI 技术的日益普及，其背后的伦理与隐私问题也日益凸显；如何确保 AI 技术的使用符合道德标准？如何保护个人隐私不受侵犯？这些问题不仅关乎技术的长远发展，更与我们每个人的生活息息相关。

　　本模块首先剖析这一现象背后的原因，接着通过丰富的实例和实用的技巧，指导我们如何构建能够激发 AI 创造力与理解力的问题，让每一次与 AI 的对话都能产生有价值的回应，最后引导我们深入思考如何能够在享受 AI 带来的便利的同时，也能承担起应有的社会责任，共同守护好科技发展的伦理底线。

 学习目标

　　1. 学会分析 AI 无法有效工作的原因，帮助学生建立对 AI 的理解，从而在实际应用中更加理性地评估其潜力与限制。

　　2. 掌握与 AI 进行高效交互的提问技巧。理解如何构建清晰、具体且富有启发性的问题，对于激发 AI 的创造力与理解能力至关重要。学生将通过实践学习，掌握如何根据 AI 的响应机制调整提问方式，以提高信息获取与任务执行的效率与质量。

　　3. 学会如何识别并理解 AI 应用过程中可能引发的伦理问题，如数据偏见、隐私泄露、责任归属等。思考如何制定或完善 AI 应用的伦理准则，以确保技术发展与社会伦理的和谐共生。

项目一　利用生成式人工智能工具进行自我学习

一、智能问答系统助力高效个性化学习

利用 AI 获取知识学习是自我学习的基础，其中，智能问答系统在知识获取与理解方面展现出了尤为突出的价值。学习者在追求新知识时，不再受限于传统信息检索的烦琐与不确定性，而是可以直接通过智能问答系统（如 TripAdvisor 智能问答助手）输入问题。这些系统能够即时响应，提供详尽且准确的解释，不仅直接解答疑惑，还通过关联知识点的拓展，帮助学习者构建更为完整的知识体系。此外，智能问答系统还具备个性化学习的潜力，根据每位学习者的兴趣、能力和学习进度，提供定制化的知识推送和学习路径规划，从而实现了更加高效、个性化的学习体验。这一过程不仅加速了知识的获取速度，更促进了学习者对知识的深入理解和应用能力的提升。

 案例展示

TripAdvisor 智能问答助手提升旅游体验

1. 背景

TripAdvisor 是全球知名的旅游评论和预订平台，吸引了数以亿计的游客和旅行者。为了进一步提升用户体验，TripAdvisor 引入了智能问答助手功能，旨在为用户提供更加便捷、个性化的旅游信息服务。

2. 应用过程

旅游规划辅助：用户在 TripAdvisor 平台上进行旅游规划时，可以通过智能问答助手输入关于目的地的各种问题，如"巴黎最适合游玩的季节是什么时候？""纽约有哪些必尝的美食？"等。问答助手会迅速从平台的海量数据中检索出相关信息，并为用户提供准确、全面的回答。

实时旅行咨询：在旅行过程中，用户可能会遇到各种突发情况或需要即时咨询的问题，如"附近有没有紧急医疗点？""最近的地铁站怎么走？"等。此时，用户可以通过 TripAdvisor 的智能问答助手获取即时的帮助和建议，确保旅行的顺利进行。

个性化推荐服务：智能问答助手还具备个性化学习的能力。通过分析用户的历史查询记录、浏览行为和偏好设置，问答助手能够为用户提供更加个性化的旅游推荐服务。例如，根据用户的兴趣推荐适合的酒店、餐厅或活动，使旅行更加符合用户的个性化需求。

提升用户体验：智能问答助手通过即时、准确的回答和个性化的推荐服务，大大提升了用户在 TripAdvisor 平台上的使用体验。

增强用户黏性：便捷的查询和推荐功能使用户更加依赖 TripAdvisor 平台，从而增强了用户的黏性和忠诚度。

促进旅游消费：通过为用户提供更加全面、精准的旅游信息服务，智能问答助手促进了用户在 TripAdvisor 平台上的预订和消费行为。

3. 结论

TripAdvisor 智能问答助手的应用案例充分展示了智能问答系统在旅游领域的潜力和价值。通过提供即时、准确的旅游信息服务和个性化的推荐服务，智能问答助手不仅提升了用户的旅行体验，还促进了旅游消费的增长。这一案例为其他旅游企业和平台提供了有益的借鉴和启示。

二、自我学习中的智能导师与辅助工具

生成式人工智能在自我学习领域的应用日益广泛，它不仅能够模拟人类的创造过程，还能通过学习和理解大量数据，生成新的、有价值的信息或内容。在自我学习的场景中，生成式 AI 充当了智能导师、辅助工具的角色，帮助学习者在没有或较少人工干预的情况下，通过互动不断提升自身技能。

 案例展示

Stable Diffusion 助力"梦幻城市"系列艺术创作

1. 背景

艺术家李明一直对未来城市的构想充满兴趣，他梦想着能够创造出既科幻又充满想象力的城市景象。然而，传统的手绘或数字绘画方式往往需要耗费大量时间和精力，且难以完全捕捉到他脑海中的每一个细节。于是，他决定尝试使用 Stable Diffusion 技术来辅助他的创作。

2. 创作过程

李明首先在 Stable Diffusion 的输入框中写下了他的创意描述："一座悬浮在空中的未来城市，由透明的玻璃和金属构建，夜晚时分，城市的灯光与星空交相辉映，形成一幅梦幻般的画卷。"

生成初步图像：根据李明的描述，Stable Diffusion 迅速生成了一系列与之相对应的图像。这些图像风格各异，但都捕捉到了未来城市的科幻感和梦幻氛围。李明仔细浏览了这些图像，挑选出了几张他认为最具潜力的作为进一步创作的参考。

调整与迭代：李明并不满足于初步生成的图像，他希望通过调整关键词和参数来进一步优化作品。他尝试在描述中加入更多的细节描述，如"细腻的玻璃纹理""璀璨的星光效果"等，并调整了一些生成参数，如迭代次数、分辨率等。经过多次迭代和调整，Stable Diffusion 生成了更加符合李明期望的图像。

获取灵感与反馈：在创作过程中，Stable Diffusion 生成的图像不仅为李明提供了直观的视觉参考，还激发了他的创作灵感。他注意到一些图像中的独特元素和构图方式，并尝试将这些元素融入自己的手绘或数字绘画作品中。同时，他也将 Stable Diffusion 生成的图像分享给同行和观众，收集他们的反馈和建议，以进一步完善自己的作品。

完成作品：经过一段时间的创作和调整，李明终于完成了他的"梦幻城市"系列艺术作品。这些作品不仅展现了他对未来城市的独特构想和想象力，还充分展示了 Stable Diffusion 技术在艺术创作中的巨大潜力。

3. 结论

通过这个案例，我们可以看到 Stable Diffusion 技术如何为艺术家提供创作灵感和参考，帮助他们更加高效地实现自己的创意构想。同时，艺术家们也可以通过与 Stable Diffusion 的互动和反馈机制，不断调整和优化自己的作品，创作出更加独特、富有创意的艺术作品。

三、批判性思考与AI反馈结合验证学习

在利用 AI 进行自我学习这一过程中，批判性思考与 AI 反馈的紧密结合显得尤为重要。用户应当意识到，尽管 AI 技术能够基于大数据和复杂算法提供快速且丰富的反馈，但这些反馈并非绝对无误。因此，在采纳 AI 建议时，用户需保持一种批判性的视角，不盲目跟从，而是采取一种审慎的态度去验证其准确性。具体而言，用户可以通过对比不同 AI 工具的反馈结果，查找权威资料进行交叉验证，以及深入分析 AI 反馈背后的逻辑和依据，来评估其可靠性。同时，用户还应将 AI 反馈与自身的专业知识、实践经验和个人判断相结合，形成更加全面和深入的理解。这种结合批判性思考与 AI 反馈的学习方式，不仅能够提升用户的自我学习效果，还能促进对 AI 技术本身的理解和掌握。

 知识链接

AI 新兴职业：全方位解析"提示词工程师"

随着人工智能技术的飞速发展，一个新兴的职业——提示词工程师，正逐渐进入公众视野并受到广泛关注。这一职业的核心在于为生成性人工智能软件设计和优化指令，即提示词，以确保 AI 系统能够准确理解用户需求并给出恰当的回应。

提示词工程师的工作不仅仅是编写简单的指令，还需要深入考虑提示词的语义表达能力、交互友好性，以及在保持智能系统特色的同时，促进人机之间的顺畅沟通。他们就像 AI 团队中的"翻译官"，负责将人类的语言和意图转化为 AI 能够理解和执行的指令。

提示工程的重要性不言而喻，因为它是实现高效人机交互的关键。优秀的提示词设计能够显著提升 AI 系统的响应质量和用户满意度，而缺乏恰当的提示词则可能导致 AI 误解用户意图或给出不相关的回答。

为了胜任这一职业，提示词工程师需要具备多方面的能力，包括深入了解 AI 技术的工作原理、掌握自然语言处理技术以及拥有创新思维和解决问题的能力。此外，他们还需要在设计提示词时，充分考虑，避免引入偏见、确保内容公正性和安全性等伦理和法律问题。

未来，随着人工智能技术的不断发展和应用领域的不断拓展，提示词工程师的工作将变得更加复杂和多样化。他们不仅需要关注单一领域的提示词设计，还需要探索多语言提示词设计、个性化提示词等新的发展方向。同时，随着社会对 AI 系统生成内容的质量和安全性要求的不断提高，提示词工程师也将承担更多的社会责任和期望。

总之，提示词工程师作为连接人与 AI 的重要桥梁，其工作不仅关乎 AI 系统的性能和表现，更关乎人机交互的质量和效率。随着人工智能技术的不断发展，这一职业的前景将更加广阔和充满挑战。

（资料来源：https://baijiahao.baidu.com/s?id=1776089583827492990&wfr=spider&for=pc）

项目二　掌握生成式人工智能工具的交互方法

一、AI特点引领提问方向

人工智能融合了计算机科学、数学、语言学等多个领域的智慧，特别是在自然语言处理和机器学习方面展现出了强大的应用潜力。然而，AI 并非无所不能，它同样存在局限性。例如，在处理复杂语境、识别细腻情感以及展现创新思维方面，AI 的能力尚显不足。这些局限提醒我们，在与 AI 交互时，需要避免提出过于抽象、情感化或需要高度创造性的问题。

但是，AI 的优势也是显而易见的。它能够以惊人的速度处理和分析海量数据，远超人类的能力范畴；对于重复性高、精确度要求严格的任务，AI 能够不知疲倦地执行，大大提高了工作效率；此外，AI 还擅长从数据中识别出隐藏的模式和趋势，为决策提供有力支持。这些优势为我们指明了与 AI 交互时的提问方向，即应侧重于那些能够充分发挥 AI 数据处理能力、重复性任务执行能力和模式识别能力的问题。

因此，在与 AI 交互时，我们需要综合考虑其局限与优势，精心设计提问策略。既要避免提出超出 AI 能力范围的问题，又要充分利用其优势来解决问题、提升效率。这样的提问艺术不仅能够促进人机之间的有效沟通，还能够推动 AI 技术的进一步发展和应用。

二、清晰明确地提问

（一）明确提问目标

构建问题前需清晰界定你的目标。这要求你对自己希望通过 AI 解决的具体问题有深刻的理解。比如，如果你希望AI为你创作一篇关于"未来科技趋势"的文章，那么"未来科技趋势"就是你的核心目标。明确目标有助于你聚焦问题，避免在询问过程中偏离主题。

（二）提供明确的前提条件

前提条件是AI理解问题并给出恰当回答的关键。在提问时，尽量提供足够的背景资料或前提条件。比如，在请求AI生成文章时，可以指明文章的受众群体（如科技爱好者、行业专家）、风格偏好（如正式、轻松）、字数要求等。这些信息有助于AI生成更符合需求的内容，通过文心一言平台展示结果，如图2-1和图2-2所示，得到的答案明显不一样，有了前提条件的结果，更能接近使用者想要的答案。

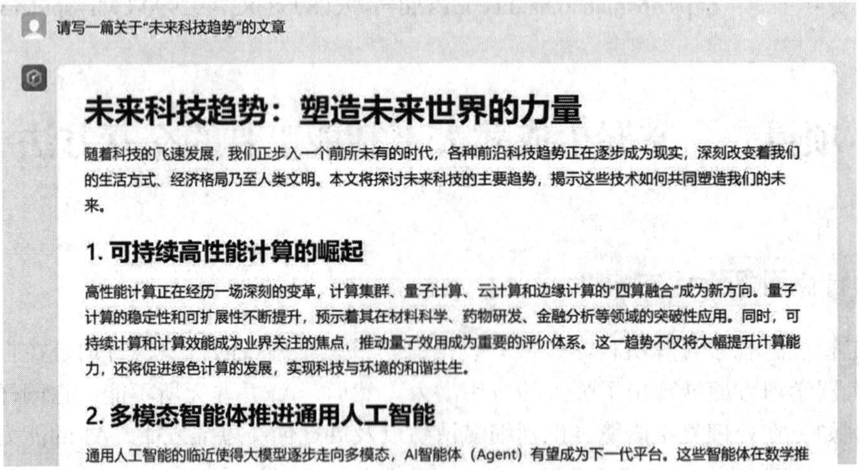

图2-1　没有提供具体前提条件的回答

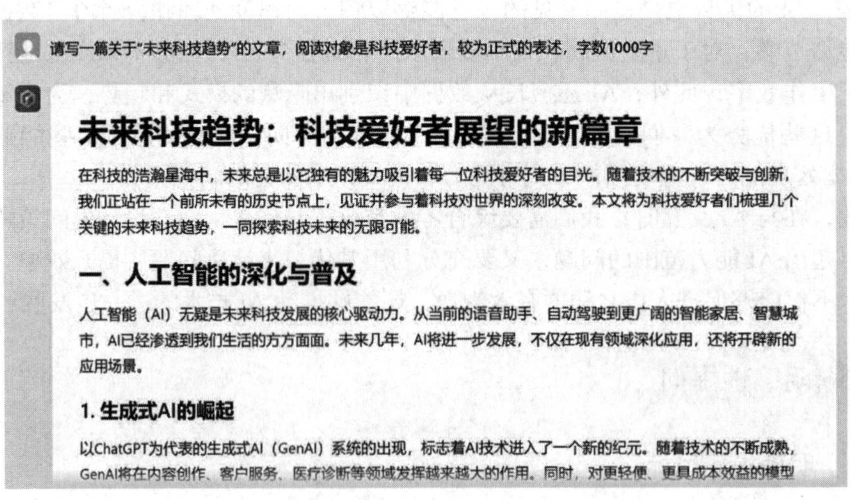

图2-2　提供具体前提条件的回答

（三）使用可量化的指标

为了使问题更加具体且易于衡量，尝试在提问时引入可量化的指标。比如，在请求 AI 生成图片时，可以指定图片的分辨率、色彩风格（如暖色调、冷色调）、元素数量等。这些量化指标能够帮助 AI 更精确地理解你的需求，并生成符合预期的输出，如图 2-3 所示。

图 2-3　不同指标生成的不同效果图

（四）使用明确的词汇

模糊词汇是 AI 理解问题的一大障碍。在提问时，应尽量避免使用含混不清或多义的词汇。比如，"大约""一些"等词汇应被更具体的数值或描述所替代。

 案例展示

生成式 AI 辅助定制欧洲深度游行程

本案例展示如何在生成式 AI 的协助下，通过具体描述来优化旅游产品的推荐和定制过程。

1.用户需求描述（原始，含模糊词汇）

"我想去欧洲旅行，大约两周时间，想看看历史遗迹，体验一些当地文化，还有品尝美食。"

2.AI 理解挑战

"大约两周"是时间上的模糊描述。

"历史遗迹"和"一些当地文化"是较为宽泛的主题，没有具体指向。

"品尝美食"也是较为笼统的需求。

3.优化后的用户需求

"我计划在接下来的 14 天内前往欧洲进行深度游。我特别希望参观罗马的斗兽场、

巴黎的埃菲尔铁塔和伦敦的大本钟等历史遗迹。同时，我希望能体验至少两个国家的传统文化活动，比如意大利的威尼斯嘉年华和法国的薰衣草田漫步。此外，我希望在旅途中能品尝到每个到访国家的特色美食，如意大利比萨、法国鹅肝和英国传统早餐。"

4. 生成式 AI 的应用

行程规划：接收到优化后的需求后，生成式 AI 能够根据用户的具体要求，生成一份详细的 14 天欧洲深度游行程。行程中会明确标注每天的游览地点、时间安排、文化活动参与和推荐的特色餐厅。

文化解读：AI 还能为每个历史遗迹和文化活动提供详细的背景介绍和游览建议，帮助用户更好地理解和欣赏这些景点。

个性化推荐：基于用户的偏好和历史数据（如果可用），AI 还能提供个性化的推荐，比如根据用户的口味偏好推荐更多当地特色美食或根据用户的兴趣点推荐额外的文化体验活动。

实时调整：在行程执行过程中，如果用户需要调整行程或增加新的活动，生成式 AI 也能迅速响应，重新规划行程以满足用户的最新需求。

5. 案例总结

通过避免使用模糊词汇并提供具体、详细的需求描述，用户可以更有效地与生成式 AI 进行交互，从而获得更加精准和个性化的旅游产品和服务。这不仅提升了用户的满意度，也提高了 AI 在旅游业中的应用效率和价值。

三、简明易懂地提问

（一）使用简单直白的语言

在构建问题时，首要原则是保持语言的简洁与直接。避免使用专业性强、晦涩难懂的行业术语或复杂的句式结构，这些都可能成为 AI 理解的障碍。相反，应采用通俗易懂、贴近日常生活的语言，确保 AI 能够迅速捕捉问题核心，准确理解用户意图。

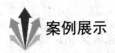 案例展示

AI 助力旅行规划

在生成式 AI 应用于旅游业的场景中，通过对比使用简洁直接语言与复杂专业术语的效果，可以清晰地展示前者在提升 AI 理解能力和用户体验方面的优势。

1. 复杂专业术语版

用户需求描述："本人计划进行为期一周的欧洲文化深度游，需求包括参观至少两处世界文化遗产地，体验至少一种非物质文化遗产活动，入住四星级以上酒店，并希望 AI

能基于我的个人偏好（偏好古典艺术与现代设计融合的风格）推荐餐饮和购物地点。"

AI 理解挑战：

• "世界文化遗产地"和"非物质文化遗产活动"虽为准确术语，但可能让非专业用户感到陌生。

• "四星级以上酒店"的表述虽精确，但缺乏情感色彩，难以体现用户对住宿品质的具体期待。

• "古典艺术与现代设计融合的风格"这一偏好描述较为抽象，AI 需额外解析用户的具体喜好。

AI 响应可能：AI 可能因术语理解偏差或偏好解析不足，而未能完全满足用户的个性化需求。

2. 简洁直接版

用户需求描述："下周想带家人去欧洲玩一周，想看些有历史感的地方，比如古老的城堡和博物馆。还想参加一个有特色的文化活动，比如看场传统舞蹈表演。住宿要舒服点，最好是那种看起来既古典又有点现代感的酒店。吃饭和买东西的地方，希望 AI 能根据我们喜欢的东西推荐，比如我们喜欢把古典艺术元素和现代设计结合在一起的风格。"

AI 理解优势：

• 使用"古老的城堡和博物馆"替代"世界文化遗产地"，更直观易懂。

• "有特色的文化活动"和"传统舞蹈表演"让非专业用户也能轻松理解。

• "看起来既古典又有点现代感的酒店"直接描述了用户对住宿的期望，无须 AI 额外解析。

• 在餐饮和购物推荐上，通过描述用户喜欢的风格，AI 能更准确地捕捉用户偏好。

AI 响应效果：由于使用了简洁直接且贴近日常生活的语言，AI 能够迅速捕捉问题核心，准确理解用户意图，并据此生成更符合用户个性化需求的旅行规划方案。这样的方案不仅提升了用户体验，还增强了用户对 AI 的信任感和满意度。

（二）直接提供选择或示例

在某些情况下，通过给出明确的选择项或具体的示例，可以极大地提高 AI 理解问题的效率和准确性。这种方式为 AI 提供了清晰的参照物，有助于其快速定位并满足用户的具体需求。比如，在要求 AI 推荐一本书时，可以明确指定类型（如旅游、历史）或作者，甚至直接给出几个备选书名让 AI 从中挑选，如图 2-4 和图 2-5 所示结果。同样，在描述一个复杂概念时，提供相关的实例或类比也能帮助 AI 更好地理解。

（三）复杂问题分段提问

面对复杂问题时，一次性提出往往难以让 AI 全面且准确地把握要点。因此，采用分段提问的策略，将大问题拆解成一系列逻辑清晰、层次分明的小问题，逐一解决。这

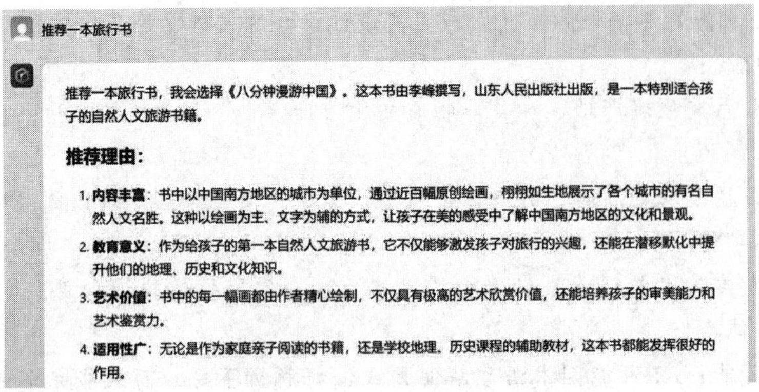

图 2-4　不明确的示例

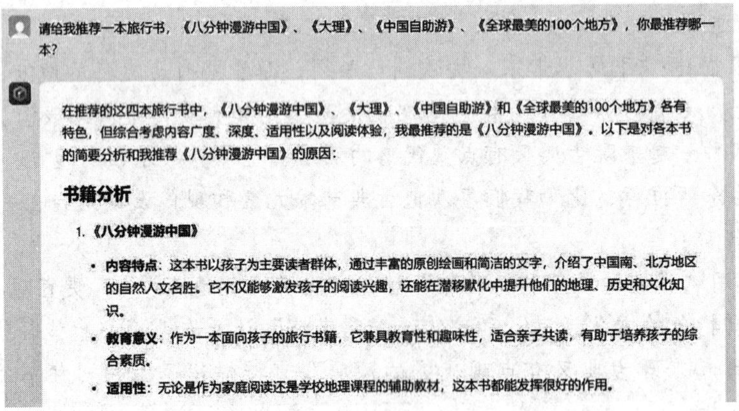

图 2-5　明确的示例

种方法有助于引导 AI 逐步深入，逐步构建解决方案的框架。例如，在要求 AI 编写一篇关于旅游环保的文章时，以文心一言平台为例，可以先问"如何开头引入旅游环保主题"，如图 2-6 所示。

再逐步过渡到"可以给出更多的具体措施和建议吗"，如图 2-7 所示。

按照这样的方式继续提问下去，直至问题结束。提问结束后，可以以"如何总结文

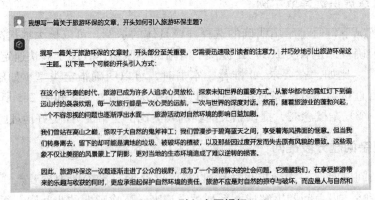

图 2-6　引入主题提问

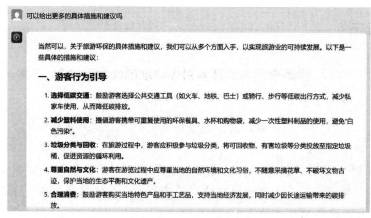

图 2-7　继续提问效果

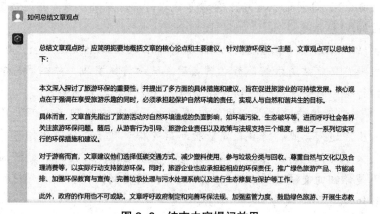

图 2-8　结束内容提问效果

章观点"结尾，如图 2-8 所示。

四、灵活应变的提问

（一）调整问题表述

当 AI 未能准确理解问题时，尝试换一种方式表述问题可能是有效的解决途径。通过采用更贴近 AI 理解能力的词汇，可以帮助 AI 更清晰地捕捉问题本质。

 **案例展示**

问题表述方式调整对理解准确性的影响

1. 初始表述

用户提问："帮我找个从巴黎出发，途经佛罗伦萨，最后到罗马的火车旅行方案，要包含所有城市的著名景点。"

AI响应（可能因理解偏差）："已为您搜索了从巴黎出发，经过佛罗伦萨，最终到达罗马的火车时刻表。但关于包含所有城市著名景点的具体旅行方案，由于信息较为广泛，建议您自行查询各城市旅游指南。"

问题所在：用户的意图是希望AI能提供一个综合性的旅行方案，既包含交通信息也涵盖景点推荐，但AI可能仅理解了交通部分的需求，忽略了景点推荐的部分。

2. 调整后的表述

用户提问（优化后）："请问能否为我规划一个从巴黎出发，乘坐火车前往佛罗伦萨，并在那里游览乌菲兹美术馆等著名景点后，继续前往罗马，并在罗马参观斗兽场等景点的七日游行程？请确保行程中包含详细的交通安排和景点推荐。"

AI响应（更贴近用户需求）："根据您的要求，我为您规划了以下七日游行程：从巴黎出发，乘坐高速列车直达佛罗伦萨，抵达后安排参观乌菲兹美术馆等著名景点。随后，继续乘坐火车前往罗马，在罗马期间，您将有机会游览斗兽场、梵蒂冈等不可错过的景点。以下是详细的交通安排和每日景点推荐，请查阅附件。如有任何特殊需求或偏好，请随时告知。"

3. 对比分析

初始表述中，用户的问题较为宽泛且包含多个需求点（交通+景点），这可能导致AI在理解时产生偏差，仅聚焦于其中一个方面（交通）。

调整后的表述中，用户通过简化语言、明确需求点（分步骤描述旅行过程，并具体列出希望参观的景点），以及采用更贴近AI理解能力的词汇（如"七日游行程""交通安排""景点推荐"），使得问题变得更加清晰和具体。这样的表述方式有助于AI更准确地捕捉问题本质，从而提供更加符合用户期望的回应。

通过这个案例可以看出，当AI未能准确理解问题时，尝试换一种方式表述问题，特别是通过简化语言、去除歧义或采用更贴近AI理解能力的词汇，是一种有效的解决途径。

（二）改变提问角度

如果直接提问未能得到满意答案，尝试从另一个角度或层面提出问题，可能会激发AI给出新的、更有价值的见解。比如，李女士计划与家人前往云南旅游，她首先通过旅游类网站或 AI 助手询问了关于云南的热门景点和推荐行程。然而，得到的答案虽然全面，但并未完全符合她对于深度游和文化体验的需求。直接提问与初步回答，如图 2-9 所示。

AI 助手回复了一个包含大理、丽江等热门景点的标准行程，但每个景点的停留时间较短，且主要侧重于自然风光和简单游览。意识到直接提问未能满足需求，李女士决定从另一个角度提问，以激发 AI 给出更有针对性的建议，如图 2-10 所示。

（三）增加限制条件

有时候，AI 的回答可能过于宽泛或包含不必要的信息。此时，用户可以通过在问题中增加具体的限制条件来缩小回答范围，提高答案的针对性。比如，在要求 AI 推荐旅游目的地时，可以限制内容"请推荐适合家庭游的、位于欧洲的且夏季气温适中的地方"。当然，AI 给出的第一次回答结果不一定能够让用户满意，那么就再继续增加限制条件，直至用户得到满意的回答。

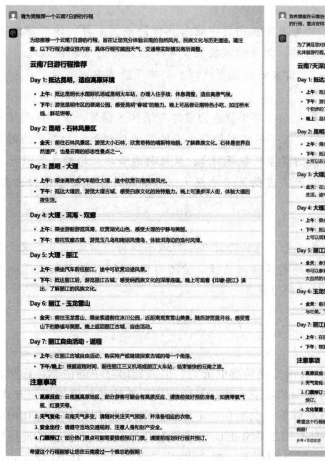

图 2-9 直接提问与回答结果

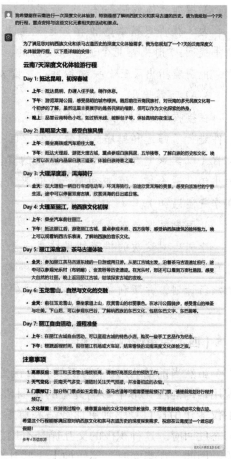

图 2-10 改变提问角度结果

 **案例展示**

通过增加具体限制条件优化 AI 旅游推荐

一家在线旅游平台集成了 AI 助手，为用户提供个性化的旅行规划和建议。用户可以通过与 AI 对话，快速获取关于旅游目的地的信息、活动推荐及行程规划等。然而，在初期，不少用户反映 AI 推荐的旅游目的地过于宽泛，包含了大量不符合他们特定需求的地方，如气候、家庭友好度等方面。

1. 问题描述

李先生计划今年夏天带着家人去欧洲旅行，他希望找到一个既适合家庭游玩，又能在夏季气温适中的地方。他首次尝试使用平台的 AI 助手进行推荐，但得到的回答中包含了从北欧到南欧的多个城市，其中一些地方在夏季炎热，不适合家庭长时间户外活动。

2. 增加具体限制条件

为了获得更精准的推荐，李先生决定在问题中增加具体的限制条件。他重新向 AI 助手提问："请推荐几个适合家庭游的、位于欧洲的且夏季气温适中的旅游目的地。"这次，他明确指出了三个关键条件：家庭友好、位于欧洲、夏季气温适中。

3. AI 回答优化

在接收到李先生更具体的问题后，AI 助手利用内置的算法和数据库，根据这些限制条件进行了筛选和排序。很快，它返回了一系列符合要求的旅游目的地，如瑞士的因特拉肯（以其家庭友好的活动和宜人的夏季气候著称）、奥地利的哈尔施塔特（风景如画的小镇，适合家庭漫步和骑行）以及丹麦的哥本哈根（拥有丰富的儿童博物馆和公园，夏季气温温和）。

4. 用户反馈与满意度

李先生对这次的推荐结果非常满意，他认为这些目的地不仅符合他的所有要求，而且每个地方都有独特的魅力和丰富的家庭活动选择。他随后根据 AI 的推荐制订了详细的旅行计划，并顺利完成了这次愉快的家庭旅行。

（四）注重情感与礼貌

虽然当前的 AI 技术尚不具备直接感受情感的能力，但人类语言中的情感色彩和礼貌用语却能在无形中影响交互的氛围和效果。巧妙灵活地使用礼貌和积极的提问方式，不仅能让用户自身感到更加舒适和尊重，也能在一定程度上引导 AI 以更加友好和积极的态度回应。这种积极的交互循坏有助于建立更加和谐的人机关系，提升整体的使用体验。因此，在提问时，不妨加上一些礼貌用语，如"请问""能否"等，让 AI 感受到用户的善意和尊重。

 案例展示

礼貌用语对交互氛围的影响

1. 不含礼貌用语版

用户提问："帮我规划一个巴黎和罗马的七日游，要住五星级酒店，但别太贵。"

AI 响应（模拟，可能较为机械）："已为您生成巴黎和罗马的七日游行程，包含五星级酒店住宿。请注意，五星级酒店价格通常较高，我们已尽量选择了性价比较高的选项，但整体费用可能仍超出您提到的'别太贵'的范围。具体费用请查阅附件。"

交互氛围分析：这种提问方式较为直接，缺乏礼貌用语，可能让 AI 的回应也显得较为机械和生硬，缺乏人性化的交流感。用户可能感受到的是一种简单的信息交换，而非一个愿意倾听和满足需求的对话伙伴。

2. 含有礼貌用语版

用户提问（优化后）："请问能否为我精心规划一个包含巴黎和罗马的七日游行程？我们非常希望能在旅途中享受五星级酒店的舒适体验，但由于预算有限，能否在保持品质的同时，也尽量帮我们节省一些费用呢？您的帮助将对我们意义非凡，非常感谢！"

AI 响应（模拟，更加友好）："当然可以，非常高兴能为您规划这样一次精彩的旅行！根据您的需求，我已经为您量身定制了一个巴黎和罗马的七日游行程，特别挑选了既符合五星级酒店标准又相对经济的住宿选项。我相信这个行程能让您在享受奢华与舒适的同时，也能有效控制预算。请您查看附件中的详细行程安排，如有任何需要调整的地方，随时告诉我。祝您旅途愉快！"

3. 交互氛围分析

通过加入"请问""能否""非常感谢"等礼貌用语，用户的提问变得更加友好和尊重。这种积极的交流方式激发了 AI 以更加友好和积极的态度进行回应。AI 不仅提供了满足需求的行程建议，还额外考虑了用户的预算限制，并表达了希望用户旅途愉快的愿望。这样的交互氛围更加和谐、温馨，有助于提升用户对 AI 的信任感和满意度，从而建立更加和谐的人机关系。

 知识链接

专家推荐的 5 个 AI 提问方法，助你效率提升 200%

在使用 AI 进行查询或对话时，为了提高效率和质量，可以采用多种提问框架来优化与 AI 的互动。以下是根据参考资料整理出的几种有效提问框架，它们以段落形式呈现，旨在帮助你更清晰地定义讨论或任务的上下文、行动、结果或目标。

首先，CARE 框架通过背景（Context）、行动（Action）、结果（Result）和示例

（Example）四个方面来构建提问。它帮助你界定讨论的具体场景，明确需要执行的行动，阐述期望实现的结果，并通过实际例子加深理解。比如，当发现产品销量下降时，可以提出"背景是我们注意到产品销量有所下降，行动是进行市场和内部产品分析以识别问题，结果是制作详细报告并提出解决方案，示例可以是分析产品质量下降并提出改进建议"。

其次，TRACE框架则聚焦于任务（Task）、请求（Request）、行动（Action）、背景（Context）和示例（Example）。它有助于明确具体任务、详细请求、所需行动及相关背景，并通过实例展示应用。例如，编写市场趋势分析报告时，可以明确任务为深入分析竞争对手，请求详尽分析，行动是确保按时完成并提交报告，背景是了解市场趋势对产品战略的重要性，示例报告包含竞争对手的产品线、价格策略等分析。

再者，TAG框架强调任务（Task）、行动（Action）和目标（Goal），帮助聚焦任务执行、所需行动及最终目标。比如，撰写市场趋势研究报告时，需要明确任务，详述分析步骤，并设定全面了解市场动态以制定有效产品战略的目标。

SPAR框架通过情境（Scenario）、问题（Problem）、行动（Action）和结果（Result）四个要素，清晰定义讨论或行动的背景、需解决的问题、采取的措施及期望结果。如公司扩大市场份额时，面对知名度不足的问题，可以策划并执行市场营销活动以提升品牌知名度，增加市场份额。

SAGE框架则涵盖情况（Situation）、行动（Action）、目标（Goal）和预期（Expectation），帮助界定情况、描述行动、明确目标及预期结果。比如，为制定战略而准备市场调研报告时，需要全面了解市场动态，准备报告以制订产品发展计划，并期望达成团队对市场策略的共识。

最后，APE框架专注于行动（Action）、目的（Purpose）和期望（Expectation），优化项目管理和执行过程。它帮助你详细描述行动内容，阐释行动意图或目标，并设定行动完成后的期望结果。例如，在制订新营销活动计划时，目的是提升品牌知名度，行动是制订计划，并期望在规定时间内完成准备工作，确立营销策略及目标。

这些框架的应用能显著提升与AI互动的效率和质量，使每一次提问都更加精准有效。

（资料来源：https://baijiahao.baidu.com/s?id=1801729496217924942&wfr=spider&for=pc）

项目三　训练生成式人工智能工具的输出风格

一、训练AI克隆用户风格

（一）准备个性化数据

在旅游领域，生成式人工智能的个性化输出风格变得尤为重要，因为它能够根据每位用户的独特偏好和旅行经历，生成定制化的旅游指南、游记或推荐。为了训练 AI 克隆用户的写作风格，首先需要精心准备个性化的旅游数据。

具体而言，收集个性化数据的首要任务是从用户的旅游经历中提炼出丰富的文本素材。这些素材可以来源于用户的游记、社交媒体上的旅行分享、电子邮件中的旅行计划，甚至是他们在旅行过程中与亲友的通信记录。这些文本不仅记录了用户的所见所闻、所感所悟，还巧妙地融合了他们的个人观点和情感体验，为 AI 提供了宝贵的模仿蓝本。

在收集过程中，应注重素材的多样性和代表性，确保 AI 能够全面捕捉用户的语言特色和风格。同时，为了保护用户的隐私，应对收集到的数据进行适当的脱敏处理，确保在利用这些数据进行 AI 训练时不会泄露用户的敏感信息。

通过精心准备个性化数据，可以为后续训练 AI 克隆用户风格打下坚实的基础，让 AI 在旅游服务中更加贴近用户的需求和期待，为游客带来更加贴心、个性化的旅行体验。

（二）训练 AI 模型

1. 输入提示与范本

为了训练 AI 模型以模仿特定的写作风格，用户首先需要进入 AI 平台的对话页面，并根据提示输入指令。这一步骤至关重要，因为它将指导 AI 理解用户的需求。例如，用户可以告诉 AI："我希望你模仿这些范本的写作风格、叙述方式和语调。"随后，用户需要上传准备好的旅游写作范本，这些范本可能包括目的地介绍、旅行攻略或是旅游广告文案。

输入提示与范本操作过程

1. 输入指令

在对话页面的输入框中，用户根据提示输入指令，明确告诉 AI 需要模仿的写作风格。例如，用户可以输入："我希望你模仿这些范本的写作风格、叙述方式和语调。"然后点击发送或确认按钮。

2. 准备并上传范本文件

在输入指令之后，用户需要准备好包含所需写作风格的旅游写作范本文件。这些文件可以是文本文件（如 .txt、.docx 等），也可以是其他 AI 平台支持的文件格式。

在对话页面或平台的文件上传区域，用户点击"上传文件"按钮，选择准备好的范本文件，然后点击"打开"或"上传"以开始上传过程。

3. 等待文件上传和处理

文件上传可能需要一些时间，具体时间取决于文件大小和用户的网络连接速度。在文件上传过程中，用户可能需要等待，并查看上传进度条或上传状态提示。

4. 确认文件上传成功

文件上传完成后，AI 平台会给出上传成功的提示信息。用户需要确认文件已经成功上传，并且 AI 已经接收到这些范本文件。

5. 开始模型训练

一旦文件上传成功并被 AI 接收，用户可以通过对话页面或平台的其他功能选项来启动模型训练过程。用户可能需要点击一个"开始训练"的按钮来触发模型训练。

6. 等待模型训练完成

模型训练的时间取决于多个因素，包括范本文件的大小、复杂度、AI 平台的计算能力等。用户需要等待一段时间，直到 AI 平台通知模型训练完成。

7. 查看训练结果

模型训练完成后，用户可以在 AI 平台上查看训练结果。这通常包括一些由 AI 根据上传的范本文件生成的示例文本，以及可能的一些模型评估指标。

请注意，以上操作流程可能因不同的 AI 平台而有所差异。因此，在实际操作中，用户应根据所使用 AI 平台的具体要求和提示进行操作。

2. 逐步添加样本

在 AI 的提示下，用户可继续添加更多细化的写作样本。比如，上传不同季节的同一景点描述，以便 AI 能够学习如何根据季节变化调整文案的语气和用词。此外，用户还可以对该景点添加针对不同节假日的特别推荐文案，如春节期间的传统文化体验游、国庆长假的户外探险行程等。这一过程中，AI 模型不断积累丰富的数据样本，为后续的风格学习和生成提供坚实的基础。

逐步添加样本操作过程

1. 接收 AI 提示

用户首先会收到 AI 平台的提示或建议，指出为了提升模型性能，可以添加更多细化的写作样本。

2. 准备不同季节的景点描述

用户根据 AI 的提示，开始准备同一景点在不同季节的描述文案。这些文案应体现出季节特色，如春天的生机盎然、夏天的热情奔放、秋天的丰收景象、冬天的银装素裹等。

用户将这些文案整理成文件，确保每个季节的描述都清晰、准确。

3. 上传不同季节的景点描述

找到文件上传的入口，选择准备好的不同季节景点描述文件，点击"上传"按钮，将文件上传到 AI 平台。

4. 准备节假日特别推荐文案

接下来，用户根据 AI 的进一步提示或自身需求，准备针对不同节假日的特别推荐文案。这些文案应围绕节假日的主题和氛围，如春节期间的传统文化体验游、国庆长假的户外探险行程等。

同样的，用户将这些文案整理成文件，并确保每个节假日的推荐都吸引人、有特色。

5. 上传节假日特别推荐文案

在 AI 平台的文件上传区域，用户再次点击"上传"按钮，将准备好的节假日特别推荐文案文件上传到平台。

6. 确认上传并等待处理

上传完成后，用户确认所有文件都已成功上传，并等待 AI 平台对这些新上传的数据进行处理和分析。

用户可以在 AI 平台的界面上查看上传进度或处理状态。

7. 查看模型学习进度

随着新数据的不断加入，AI 模型会开始学习和积累这些丰富的数据样本。用户可以在 AI 平台的相应界面上查看模型的学习进度和效果。

3. 结束训练并等待分析

在所有样本上传完毕后，用户输入"结束"指令，告知 AI 模型停止接收新的数据并开始进行分析学习。AI 利用先进的自然语言处理技术和机器学习算法，深入分析用户提供的写作范本，提炼出独特的风格特征、叙述技巧和语调模式。在这一阶段，用户可以在平台上实时查看训练进度，并等待 AI 模型完成对其上传样本的风格分析和学习。最终，当 AI 模型训练完成并达到预期的效果时，用户便可以利用其生成个性化的旅游推荐文案，为游客提供更加贴心、有趣的旅行建议。

结束训练并等待分析过程

1. 触发分析学习

输入"结束"指令：在所有样本都上传完毕后，用户在平台的输入框中输入"结束"指令（具体指令可能根据平台设定有所不同），然后提交。

确认接收停止：平台接收到"结束"指令后，应显示确认信息，告知用户 AI 模型已停止接收新的数据，并即将开始分析学习过程。

2. 实时查看训练进度

查看进度：用户可以在平台提供的界面上实时查看 AI 模型的训练进度，这通常包括已处理的样本数量、剩余时间估算等信息。

等待完成：用户需保持登录状态或定期访问平台，直至 AI 模型完成对所有上传样本的风格分析和学习。

3. 评估与调整

在一定时间后，用户可以根据 AI 模型生成的文案样本或评估报告来评估模型的学习效果。

如果发现模型在某些方面仍有不足或需要改进的地方，用户可以再次添加更多相关样本或调整指令来优化模型性能。这是一个持续的过程。用户可以根据实际需求和市场变化不断添加新的写作样本，以帮助 AI 模型不断学习和提升。

通过不断的迭代和优化，AI 模型将能够更准确地模仿和生成符合用户需求的写作风格。

4. 完成训练

训练完成通知：当 AI 模型训练完成并达到预期效果时，平台会在界面提示用户。

（三）验证与持续优化

在 AI 模型完成学习阶段后，验证其输出质量并据此进行调整是确保最终成果符合预期的关键步骤。这一过程不仅加深了用户对模型能力的理解，也为模型的持续优化提供了方向。

用户可以通过精心设计一系列测试提示来全面评估 AI 的表现。例如，可以要求 AI 基于学习到的特定旅游文案风格撰写一篇新文章。这样的测试不仅检验了 AI 对语言风格的掌握程度，还考察了其在不同情境下的灵活应用能力。用户应仔细阅读 AI 生成的文本，从用词、句式结构、情感色彩等多个维度进行细致分析，以判断其输出风格是否准确反映了学习样本的精髓。

若发现 AI 的输出风格存在偏差或未能完全满足期望，用户应积极采取措施进行调整与优化。首先，可以回顾并重新审视输入的学习样本，检查是否存在代表性不足、风格混杂等问题。根据分析结果，用户可以对样本进行筛选、增补或重新标注，以提高训练数据的质量和一致性。此外，用户还可以尝试调整 AI 模型的参数设置，如学习率、迭代次数等，以探索更优的训练策略。

更重要的是，用户应直接参与到 AI 输出风格的调整过程中，通过给出具体的修改建议来引导 AI 进行迭代优化。这些建议可以包括：对某些词汇的替换、对句式结构的调整、对情感色彩的强化或淡化等。通过反复测试与调整，用户与 AI 之间将建立起一种动态的反馈机制，促使 AI 的输出风格逐渐逼近甚至超越用户的预期目标。

 **知识链接**

用 ChatGPT、Kimi 克隆自己的写作风格

在当今的人工智能浪潮中，以大模型和 AIGC 为代表的技术正悄然改变着我们的生活和工作方式。然而，尽管这些技术潜力巨大，但大多数人仍不知道如何有效利用它们。为了帮助大家更好地理解和使用 AI，特别是 ChatGPT 这类工具，我们推出了"AI 在用"专栏，通过一系列直观、有趣且实用的案例，展示 AI 的具体应用方法，并激发大家的创新思维。

近期，我们分享了一个用户通过训练 ChatGPT 来模仿自己写作风格的案例。这位用户通过向 ChatGPT 提供大量自己的写作样本，让 ChatGPT 学习并理解其独特的文笔、叙述方式和语调。整个过程简单直接，用户只需按照特定的提示进行操作，即可在几秒钟内"克隆"出一个能够依循自己风格的写作助手。这种功能对于需要频繁写作或希望保持内容风格一致的用户来说，无疑是一个巨大的帮助。

除了 ChatGPT，我们还尝试了其他可以免费使用的模型，如 LeChat 和 Kimi。尽管 LeChat 的效果不尽如人意，但 Kimi 在模仿写作风格方面展现出了较高的准确率。通过向 Kimi 提供世界经典童书《长袜子皮皮》的章节故事作为样本，Kimi 不仅成功分析了该作品的风格特点，还尝试模仿其风格创作了一个新的小故事。尽管生成的故事在质量上可能无法与人类作家相媲美，但其准确性和趣味性已经足以让人眼前一亮。

未来，我们的"AI 在用"专栏将继续探索更多不同大模型的案例演示，为大家带来更多实用且有趣的 AI 应用体验。同时，我们也欢迎读者积极投稿分享自己的创新用例和实践经验，共同推动人工智能技术的普及和发展。

（资料来源：https://www.jiqizhixin.com/articles/2024-03-21-9#: ~: text=%E9%9C%80%E8%A6%81%E8%AF%B4%E6%98%8E%E7%9A%84%E6%98%AF%EF%BC%8C%E8%AE%A9）

二、AI的"投喂"技巧

"投喂"是一种在人工智能领域，特别是与大型语言模型如 ChatGPT 交互时采用的策略，它体现了用户与 AI 之间高度个性化与定制化的交流过程。用户通过精心设计的提问、对话或提示，向 ChatGPT "投喂"信息，旨在引导模型生成更加贴合个人需求、富含个性色彩的回答或内容。这种投喂策略不仅促进了深度对话的建立，允许信息在上下文中层层递进，还推动了 AI 模型根据用户反馈不断优化其生成策略，以提供更加精准、有用的服务。在旅游、教育、娱乐等多个领域，ChatGPT 投喂正逐步成为用户探索新知识、规划个性化行程、享受定制服务的创新方式，展现了人工智能技术在提升用户体验、推动行业创新方面的巨大潜力。

（一）目标设定与需求分析

在 AI 的"投喂"过程中，首先强调的是在投喂前设定清晰对话目标的重要性。这不仅是确保对话方向性的关键，也是最大化 AI 模型（如 ChatGPT）效用的基础。明确目标意味着我们需要具体化自己的需求，无论是寻求知识解答、创意激发还是情感交流，都应避免模糊或宽泛的提问。同时，对期望结果有所预期，可以帮助我们在对话过程中保持评价标准，及时调整投喂策略，以更接近理想的结果。在复杂需求场景中，对目标进行优先级排序也是必要的，以确保关键需求得到满足。

接下来是需求分析，它是目标设定的延伸。在提出需求时，我们需要深入剖析自己的需求，识别对话中的关键要素。这包括明确哪些信息是关键的，如时间、地点、人物、事件等，这些信息将作为 AI 生成回答的重要依据。同时，理解背景知识也至关重要，因为某些需求可能涉及特定的领域知识或上下文信息。在投喂前，确保自己对这些背景知识有足够的了解，以便在对话中提供必要的上下文，帮助 AI 更好地理解需求。

此外，预测潜在问题并提前准备应对策略也是需求分析的一部分。通过预测可能遇到的问题或挑战，我们可以减少对话中的不确定性，提高投喂效率。在对话过程中，根据 AI 的反馈和生成的内容，我们可能还需要调整自己的需求表述方式，包括改变提问方式、调整语气、补充关键信息等，以便更精准地引导 AI 生成符合期望的回答。

（二）提示设计与优化

首先，一个有效的提示应当是简洁明了的。这意味着在构建问题时，应尽量避免使用模糊或冗长的表述，以免混淆 AI 的理解。相反，我们应该力求问题或需求的直接性和精确性，确保 AI 能够迅速捕捉到核心要点。例如，与其问"你能告诉我一些关于未来的事情吗？"这样的泛泛之问，不如具体化为"请预测未来五年内人工智能领域可能发生的三大变革。"这样的提问方式更有助于引导 ChatGPT 给出具体且有针对性的回答。

除了简洁具体外，提示的设计还需要具备一定的巧妙性。这包括通过改变提问方式、调整语气以及精选关键词等技巧，来激发 ChatGPT 的创造力，从而获取更加丰富和多元的回答。例如，采用开放式问题代替封闭式问题，如"你如何看待人工智能在教育领域的应用前景？"这样的提问方式能够鼓励 ChatGPT 展开更深入的探讨和思考。同时，调整语气也可以影响 AI 的回答风格，如使用更为积极或好奇的语气，可能会促使 ChatGPT 给出更加乐观或富有启发性的回答。

在设计提示时，另一个重要的原则是避免引入个人偏见或误导性信息。这是因为 AI 模型在生成回答时，会很大程度上依赖于输入数据的特征，包括其中的偏见和倾向性。如果我们在提示中不自觉地融入了个人偏见，那么 AI 生成的回答也很可能受到这些偏见的影响，从而失去客观性和公正性。因此，我们需要时刻保持警惕，确保提示内容的客观性和中立性，以便 ChatGPT 能够基于事实和数据给出准确的回答。

（三）对话策略与引导

层叠式对话是一种有效的策略，它通过逐步深入的问题或提示，引导 ChatGPT 生成更加连贯且深入的对话内容。这种策略的核心在于构建一个逻辑清晰、层层递进的对话框架。首先，从一个宽泛或基础的问题开始，让 ChatGPT 提供一个大致的概述或背景信息。接着，根据 ChatGPT 的回答，提出更加具体、深入的问题，逐步挖掘细节和深层次的内容。通过这种方式，不仅可以引导 ChatGPT 生成更加丰富和详细的回答，还能确保对话的连贯性和逻辑性。

在对话中维持特定语境的重要性不言而喻。一个连贯的对话需要保持话题的一致性，避免频繁切换主题或引入无关的信息。为了维持语境，我们可以利用对话历史来保持一致性。具体来说，就是在提问或给出提示时，尽量引用或参考之前的对话内容，以此来建立联系和延续话题。同时，也可以通过确认 ChatGPT 的回答来强化语境，确保双方都在同一个讨论框架内进行交流。这样做不仅可以提高对话的连贯性，还能增强用户的参与感和满意度。

面对 ChatGPT 的反馈和生成内容，灵活调整对话策略是至关重要的。由于 AI 模型的回答可能受到多种因素的影响，如训练数据、算法逻辑等，因此其生成的内容往往具有一定的不确定性和多样性。为了应对这种情况，我们需要保持敏锐的洞察力，及时捕捉 ChatGPT 的回答中的关键信息和潜在问题，并根据实际情况灵活调整对话策略。例如，当 ChatGPT 的回答偏离了预期的话题或方向时，我们可以及时纠正并重新引导对话；当 ChatGPT 的回答过于冗长或复杂时，我们可以适当简化问题或提示，以便更好地理解和利用生成的内容。通过灵活调整对话策略，我们可以更好地掌控对话的进程和结果，实现与 ChatGPT 的高效互动。

（四）高级技巧与参数调整

温度参数是调节生成文本多样性的关键工具。在 AI 文本生成领域，温度参数扮演了重要角色，它控制着模型在生成文本时的随机性程度。较低的温度值意味着模型在生成文本时会更加保守，倾向于选择概率最高的词汇，从而生成更为连贯但可能缺乏新意的句子。相反，较高的温度值会增加模型生成文本的随机性，允许更多不太常见但富有创意的词汇和句子结构出现，进而提升文本的多样性。因此，根据实际需求调整温度参数，可以在保持文本连贯性的同时，增加其新颖性和吸引力。例如，在创意写作或故事生成等场景中，适当提高温度值可以激发更多的灵感和想象；而在需要高度准确性和专业性的对话中，则应选择较低的温度值以确保文本的准确性和一致性。

除了温度参数外，ChatGPT 还可能支持一系列其他高级参数和设置，以满足用户多样化的需求。这些参数和设置还主要包括：

长度限制：通过设定生成文本的最大长度，用户可以控制对话的简洁性和深度。在需要快速获取关键信息或进行简短交流的场合，限制文本长度可以提高效率；而在需要深入探讨或提供详细建议的场景中，则可以适当放宽长度限制。

过滤规则：ChatGPT 可能允许用户设置特定的过滤规则，以排除不适当、敏感或无关的内容。这有助于维护对话的适宜性和专业性，特别是在处理敏感话题或面向特定受众时尤为重要。

主题锁定：部分高级功能可能允许用户指定对话的主题或范围，从而引导 ChatGPT 在特定领域内生成相关内容。这有助于保持对话的聚焦性和深度，提高信息的针对性和有效性。

通过对高级参数和设置的精心调整，用户可以更好地掌握与 ChatGPT 等 AI 语言模型的互动方式，实现更加高效、精准和个性化的对话体验。

 **案例展示**

利用 ChatGPT 规划梦幻海岛度假行程

1. 背景

李先生计划与家人一同前往一个海岛度假，但面对众多选择，他感到有些迷茫。为了制定一个既符合家人喜好又充满惊喜的行程，李先生决定利用 ChatGPT 来辅助规划。

2. 对话策略与引导

明确需求：李先生首先向 ChatGPT 明确了自己的需求，"我需要一个适合家庭的海岛度假行程，包括推荐的岛屿、住宿、活动和美食"。他进一步补充了家庭成员的偏好，如孩子喜欢水上活动，而自己和妻子则偏爱放松和享受自然风光。

层叠式对话：根据 ChatGPT 的初步建议，李先生提出了更具体的问题，"在这个海岛上，有哪些适合家庭的水上活动？最好是既能让孩子开心又能让我们大人也参与其中的"。接着，他又询问了关于住宿的详细情况："有没有推荐的度假村或酒店？最好是有私人海滩和儿童俱乐部的。"

维持语境：在整个对话过程中，李先生始终围绕"家庭海岛度假"这一主题，确保 ChatGPT 给出的建议都是相关且连贯的。当 ChatGPT 提到某个特定活动时，李先生会进一步询问该活动的详细信息、适合年龄以及是否需要预订等，以便更好地安排行程。

3. 高级技巧与参数调整

创造性激发：李先生意识到，为了让行程更加独特和难忘，他可以尝试改变提问方式或使用不同的关键词来激发 ChatGPT 的创造力。例如，他问道："如果我们要寻找一个隐藏在世外桃源般的海岛，你会推荐哪里？为什么？"通过这样的提问方式，ChatGPT 给出了几个非常具有创意和吸引力的海岛建议。

参数调整（假设 ChatGPT 支持某种形式的参数调整或偏好设置）：虽然 ChatGPT 作为通用语言模型可能不直接提供用户可调的参数界面，但我们可以假设在某种应用场景下（如特定的旅游规划工具中），用户可以通过设置来影响生成内容。在这个案例中，如果李先生使用的是集成了 ChatGPT 的旅游规划工具，他可能会调整"家庭友好度"和"创意度"等参数，以确保生成的行程既适合家庭出游又充满惊喜。

4. 结果

通过运用层叠式对话、维持语境以及创造性激发等对话策略，并结合假设中的参数调整（如果适用），李先生成功地利用 ChatGPT 规划了一个既符合家庭需求又充满创意的梦幻海岛度假行程。这个行程不仅包含了适合全家人的水上活动、舒适的住宿安排和美味的美食推荐，还融入了许多意想不到的惊喜元素，让李先生和家人度过了一个难忘的假期。

 知识链接

ChatGPT "投喂" 指南：解密深度对话的奥秘

ChatGPT 作为一款由 OpenAI 开发的语言模型，基于 GPT-3.5 架构，展现了强大的自然语言处理和生成能力。它不仅在对话生成、文本创作等领域有着广泛的应用，还具备了许多未被充分挖掘的潜力。

在与 ChatGPT 的互动中，一个至关重要的环节被称为"投喂"。投喂并非简单的输

入提示，而是通过与 ChatGPT 的深度互动，个性化地引导模型生成更符合用户期望的内容。这一过程不仅增强了用户体验，还使 ChatGPT 能够更精准地满足个体需求，提供有深度和针对性的信息。

为了有效地进行投喂，用户需要设定明确的对话目标，并通过简练而具体的提示来引导 ChatGPT。同时，利用层叠式对话引导技巧，逐步深入话题，维持特定语境，可以促使 ChatGPT 生成更连贯、更富有信息量的回答。此外，不断实验和调整投喂策略，以及熟悉温度参数的运用，都是提升对话质量的关键。

投喂的实质是一种个性化引导模型生成内容的过程，它不仅是解锁 ChatGPT 当前潜力的手段，更是探索模型未来潜在功能的重要途径。通过不断实验和优化，用户不仅能够帮助 ChatGPT 更好地适应各种语境和需求，还能共同推动模型的进化和发展。

进一步地，投喂技巧在 ChatGPT 的专业领域应用中显得尤为重要。通过深入研究高级的投喂技巧，如复杂的层叠对话、情境引导等，用户可以引导 ChatGPT 在特定领域生成更专业、更具深度的内容。同时，鼓励创新性实验也是挖掘 ChatGPT 潜力的关键，通过挑战模型的极限，我们可以探索其在新领域和新用途上的无限可能。

综上所述，投喂是提升 ChatGPT 应用效果、挖掘其潜力的关键手段。通过个性化引导、明确目标、优化提示、层叠式对话等技巧，用户可以更有效地与 ChatGPT 互动，享受更优质、更个性化的对话体验。

（资料来源：https://blog.csdn.net/gstui/article/details/135502110#：~：text=ChatGPT %E6%98%AF）

如何把 ChatGPT 训练成自己的专属写作助手？"喂"出自己的风格

在现代写作领域，人工智能（AI）工具正逐步成为创作者的得力助手，而 ChatGPT 无疑是这一领域的佼佼者。这篇文章深入探讨了如何将 ChatGPT 训练成个人专属的写作助手，让其输出更加符合个人风格和需求的内容。

作者开篇便指出，虽然 ChatGPT 功能强大，但要让其真正适应个性化需求，仍需要用户进行一定的"训练"。这种训练不是简单的使用，而是需要用户通过特定的方法和步骤，使 ChatGPT 能够理解并模仿个人的写作风格。

随后，文章介绍了 ChatGPT 的工作原理和基本功能，强调了它强大的语言理解和生成能力。ChatGPT 不仅能够回答问题，还能撰写文章、创作诗歌等多种文本类型，为写作提供了极大的便利。

为了将 ChatGPT 打造成专属写作助手，文章提出了几个关键步骤。首先，用户需要明确自己的写作风格和目标，包括语言选择、句式结构、语气、节奏等多个方面。这些因素共同构成了个人独特的写作风格，也是 ChatGPT 需要学习和模仿的内容。

接着，用户需要找出符合自己风格的文章或文章片段，将其"喂"给 ChatGPT。这一步骤的目的是让 ChatGPT 了解用户的写作习惯和风格特点，为后续的训练打下基础。

在训练过程中，用户还可以通过自定义指令来进一步细化 ChatGPT 的输出风格。这些指令涵盖了语言选择、句式结构、语气等多个方面，用户可以根据自己的需求进行灵活设置。

最后，用户需要通过实际的例子和反馈来微调 ChatGPT 的输出。当 ChatGPT 生成的内容与用户的期望有出入时，用户需要给出具体的反馈，并相应地调整自定义指令中的设置。这个过程可能需要反复进行多次，但随着训练的不断深入，ChatGPT 的输出将越来越符合用户的个性化需求。

通过上述步骤，用户可以成功地将 ChatGPT 训练成自己的专属写作助手，享受 AI 带来的便捷与高效。同时，这一过程也展现了个性化定制在 AI 应用中的重要性，为其他领域的 AI 应用提供了有益的参考。

（资料来源：https://zhuanlan.zhihu.com/p/673624679#：~：text=%E5%AF%BC%E8%A8%80%EF%BC%9A%E6%8F%AD%E7%A4%BA%E9%97%AE%E9%A2%98%E4%B8%8E）

项目四　关注生成式人工智能工具的应用挑战

一、用户的排斥

生成式人工智能有时无法完全融入用户的日常生活或工作环境中，用户的排斥心理是一个不可忽视的关键因素。这种排斥往往源自多个深层次的原因，其中技术恐惧、学习曲线以及抵抗变革是最为显著的几个方面。

首先，技术恐惧是用户排斥 AI 的一个重要原因。随着科技的飞速发展，AI 技术虽然带来了前所未有的便利和效率，但同时也伴随着一定的不确定性和风险。用户可能担心 AI 系统的不稳定性，害怕其突然出现故障或做出不可预测的行为。这种对新技术的不信任和恐惧感，使得部分用户选择保持距离，避免使用 AI。

其次，学习曲线也是导致用户排斥 AI 的一个重要因素。AI 系统往往集成了复杂的算法和高级的技术，其操作界面和功能设置可能相对复杂。对于非技术背景的用户来说，理解和掌握这些系统可能需要花费大量的时间和精力。这种高昂的学习成本使得部分用户望而却步，他们可能觉得使用 AI 系统过于烦琐和困难，从而选择继续使用传统的、更为熟悉的方法来完成任务。

最后，抵抗变革也是用户排斥 AI 的一个重要心理现象。人们往往习惯于已有的工作方式和生活习惯，对于新的技术和方法可能产生一定的抵触情绪。即使 AI 技术能够带来更高的效率和更好的体验，但用户可能因为害怕改变现有的工作流程或生活方式而拒绝接受。这种对变革的抵抗心理在一定程度上阻碍了 AI 技术的普及和应用。

二、AI技术的局限性

当生成式人工智能无法完全满足用户期待时，AI技术的局限性便成为一个不可忽视的核心议题。这些局限性主要体现在准确性问题、数据依赖性以及适应性挑战三个方面，它们共同构成了AI在实际应用中面临的主要障碍。

首先，准确性问题是AI技术的一大软肋。尽管AI系统在处理大量数据和执行重复性任务方面表现出色，但在理解和生成复杂的人类语言和情感时，其准确性往往难以保证。语言是人类沟通的重要工具，其中蕴含着丰富的文化、历史和个人情感背景，这使得自然语言处理成为AI领域的一个巨大挑战。AI系统可能会因为对语境、隐喻、双关语等复杂语言现象的理解不足，而在生成内容时出现错误或歧义，从而影响用户体验和信任度。

其次，数据依赖性是AI性能的另一个关键因素。AI系统的训练和运行都高度依赖于数据的质量和多样性。如果训练数据存在偏见或不足，那么AI系统的输出也可能带有偏见，无法全面、客观地反映现实世界。这种数据偏见问题在多个领域都有体现，如性别歧视、种族偏见等，它们不仅损害了AI系统的公正性和可信度，还可能加剧社会的不平等。

最后，适应性挑战也是AI技术面临的一个重要问题。现实世界是不断变化和发展的，用户需求和环境条件也在不断更新。然而，AI系统往往缺乏足够的灵活性和自适应能力，难以快速响应这些变化。这意味着AI系统需要不断地调整和优化，以适应新的场景和需求。然而，这一过程不仅耗时耗力，还可能引入新的错误和不确定性，从而限制了AI技术的广泛应用和普及。

三、安全和隐私问题

生成式人工智能无法获得用户的全面接受和信任时，安全和隐私问题无疑是横亘在AI与用户之间的一道重要障碍。这两个方面紧密相关，共同构成了用户对于AI技术应用的重大顾虑。

首先，数据安全是用户最为关切的问题之一。在AI系统的运作过程中，不可避免地会涉及大量数据的处理，其中包括用户的敏感信息，如个人身份信息、交易记录、行为习惯等。用户对于这些数据在传输、存储和处理过程中是否能够得到充分保护，往往抱有高度的警惕和担忧。一旦AI系统存在安全漏洞，导致数据泄露或被未经授权的第三方访问，将会给用户带来严重的损失和伤害。这种对数据安全的不信任感，使得许多用户在使用AI技术时心存顾虑，甚至选择避免使用。

其次，隐私侵犯也是用户普遍担忧的问题。AI系统为了提供更加个性化、精准的服务，往往需要收集和分析用户的个人信息。然而，这种信息收集行为很容易引发用户对隐私侵犯的担忧。用户担心自己的个人信息被滥用或用于不正当目的，如广告推送、数据贩卖等。

此外，AI 系统在分析用户信息时，也可能无意中揭示出用户的某些私人偏好或行为模式，进一步加剧了用户对隐私泄露的担忧。这种对隐私侵犯的恐惧感，使得用户在面对 AI 技术时保持警惕，甚至产生抵触情绪。

四、伦理考量：构建负责任的AI交互环境

在探讨生成式人工智能的无限潜力与广泛应用时，深入理解并实践伦理考量显得尤为重要。随着这一前沿技术逐渐渗透到各行各业，从艺术创作到医疗健康，从教育辅导到金融服务，其对社会结构、经济模式、文化传承乃至个体心理与行为模式的重塑作用日益凸显。因此，构建一个既高效又负责任的 AI 交互环境，成为我们不可回避的责任与挑战。

（一）尊重与公正：构建和谐的 AI 对话基础

在与生成式人工智能交互的过程中，首要原则是尊重。这不仅仅是对 AI 系统本身的尊重，更是对其背后无数开发者、研究者辛勤付出的认可。我们应避免使用任何可能被视为侮辱、歧视或攻击性的语言，以维护一个积极、健康的交流氛围。同时，确保 AI 系统的输出内容不含有偏见，不侵犯任何人的尊严和权利，是实现社会公正的重要一环。这意味着在设计 AI 算法时，需采取多样化数据集，进行严格的偏见检测与校正，确保系统能够公平、无差别地对待每一位用户。

（二）透明度与责任：增强 AI 决策的公信力

透明度是建立信任的关键。用户有权了解生成式 AI 系统是如何做出决策的，包括其背后的算法逻辑及处理方式等。这不仅有助于评估 AI 系统的可靠性，还能促进公众对 AI 技术的理解和接受。同时，对于 AI 系统可能产生的潜在风险与后果，开发者、运营者及使用者都应具备清晰的认识，并愿意承担相应的责任。这要求我们在部署 AI 系统前，进行充分的伦理审查与风险评估，制定应急预案，确保在出现问题时能够迅速响应、有效处理。

（三）促进有益发展：引导 AI 技术向善

我们的提问与引导应旨在促进 AI 技术的有益发展，鼓励其在解决社会问题、提升人类生活质量方面发挥积极作用，包括推动教育公平、辅助医疗诊断、优化城市管理、促进环境保护等。同时，我们还应关注技术发展的可持续性，避免盲目追求技术进步而忽视其对环境、社会及人类自身的潜在负面影响。通过制定科学合理的伦理准则与监管机制，引导 AI 技术沿着正确的轨道前行，确保其发展成果惠及全人类。

五、隐私考量：守护数据安全与个人权益

在当今这个数据驱动的时代，生成式人工智能以其强大的学习和创造能力，正逐步

渗透到我们生活的每一个角落。然而，随着 AI 技术的广泛应用，特别是在与用户的交互过程中，隐私保护问题日益凸显，成为一个不容忽视的议题。本项目将深入探讨如何在 AI 交互中确保数据安全与个人权益，为构建可信、安全的 AI 环境提供指导。

（一）数据最小化原则

在 AI 系统的设计和运行过程中，最小化数据收集是保护隐私的首要原则。这意味着我们应严格限制收集的数据范围，仅收集那些对于解决问题直接且必要的信息。例如，在开发一个基于 AI 的个性化推荐系统时，应避免收集用户的敏感信息（如政治观点、宗教信仰等），而专注于收集与推荐内容直接相关的数据（如浏览历史、购买记录等）。同时，对于已收集的数据，需采取严格的安全措施，如加密存储、访问控制等，以防止数据泄露或被非法访问。

（二）尊重用户控制权

用户对自己的个人信息拥有最终的控制权。这意味着用户有权决定何时、何地以及如何分享自己的数据。在 AI 交互过程中，我们应提供清晰、便捷的途径，让用户能够随时查看、修改或删除自己的数据。同时，对于可能影响用户隐私的决策，如数据共享、算法推荐等，应给予用户充分的知情权和选择权。通过尊重用户的控制权，我们可以增强用户的信任感，促进 AI 技术的可持续发展。

（三）强化隐私保护意识与培训

除了技术层面的措施外，提升团队成员的隐私保护意识同样重要。企业应定期对员工进行隐私保护相关的培训和考核，确保每位员工都能深刻理解隐私保护的重要性，并在日常工作中严格遵守相关法规和企业政策。此外，建立有效的反馈机制，鼓励用户报告任何可能的隐私泄露事件，也是及时发现并解决问题的重要途径。

 **知识链接**

专家谈 AIGC 版权争议：人工智能安全伦理远超技术范畴

2024 年 7 月，番茄小说平台增设的"AI 训练补充协议"引发了广泛关注与争议，尤其是关于 AI 生成网文作品的版权归属问题。这一协议允许平台将签约作者的作品内容、个人信息等作为训练数据，用于 AI 模型的研发与训练，并声明生成内容受平台版权保护。此举激起了作者的强烈不满，他们担心自己的创作风格被 AI 复制，甚至面临原创内容被误判为抄袭的风险。

北京大学法学院教授张平指出，人工智能带来的版权、专利等问题已迫在眉睫，其不仅是一个技术问题，更涉及伦理、法律、社会、文化等多个层面。随着 AIGC 内容的激增，如何区分人工智能生成内容与人工生成内容成为新的挑战。同时，抄袭或盗版行为的判定也变得更加复杂，引发了行业对 AI 内容安全治理的担忧。

针对这些问题，专家提出了一系列治理建议。中国信息通信研究院院长余晓晖强调，需完善人工智能安全风险识别方法论，加强风险评估与防范，并推动国际合作，共同应对人工智能带来的挑战。AIIA 安全治理委员会则计划建立统一内容标识平台，实现内容可溯源、可追溯，以提升治理能力。

此外，全球范围内也在积极推进人工智能的治理工作。欧盟已批准《人工智能法案》，对人工智能进行全面监管。我国也颁布实施了多项相关法律，并积极参与国际合作，共同推动人工智能的安全发展。

所以，人工智能的治理已成为全球性的议题，需要国际社会共同努力，从多个层面出发，制定完善的法律法规，加强技术治理与国际合作，以确保人工智能技术的健康发展，造福人类社会。

（资料来源：https://www.sohu.com/a/796980291_99900743）

 思考拓展

假设你想让 AI 为你设计一个网页布局，主要是针对年轻用户的旅游电商网站首页布局，要求包含顶部导航栏、轮播图区域、商品分类列表、热销商品推荐区及底部版权信息。请你根据本模块内容的学习，自拟要点进行 AI 提问，提出的问题既要明确，又要具体，为 AI 提供充足的指导，帮助生成高质量的网页布局设计要点，并将结果输出。

模块三　生成式人工智能的旅游应用场景认知

模块导入

　　当你站在一个巨大的虚拟屏幕前，手指轻轻一划，世界各地的美景便在你眼前展开，这不再是科幻电影中的场景，而是生成式人工智能正在为旅游行业带来的革命。在这个模块中，我们将一起探索 AI 如何在旅游领域大放异彩，从个性化行程规划到智能客服，再到多语言翻译，AI 正以我们难以想象的速度改变着我们的旅行方式。想象一下，你是一位旅行爱好者，明天就要出发去一个全新的城市，AI 就像你的私人旅行顾问，通过分析你的偏好，为你定制一份完美的行程；或者你是一位导游，AI 能够根据游客的兴趣生成个性化的导游词，并通过语音合成技术，让这些词句变得栩栩如生；又或者你是一位内容创作者，AI 能够根据你的个人兴趣和需求，自动生成一段个性化的旅游推荐视频。同时，作为一名旅游企业的互联网营销师，AI 能够根据游客的兴趣、搜索习惯和反馈，定制个性化的旅游体验和营销信息，从而提高用户的参与度和转化率。而当你站在一个陌生的国度，AI 就像你的语言翻译官，能够即时翻译周围的画面与声音，提供实时的多语言支持。在这个模块中，你将深入了解这些应用场景的工作原理和实际应用，掌握如何将 AI 技术应用到旅游行业中，提升旅游体验和服务质量。准备好了吗？让我们开始这段奇妙的旅程，探索 AI 在旅游领域的无限可能。

学习目标

1. 了解生成式人工智能在旅游行业中的多种应用场景。
2. 了解生成式人工智能在旅游行业应用中的基本原理。
3. 熟悉生成式人工智能在国内外旅游行业中应用的产业案例。
4. 培养学生数据意识与创新能力，为旅游产品开发与科技应用奠定基础。

项目一　个性化行程规划

一、应用场景

　　假设你是一位旅行爱好者，计划去一个从未去过的城市旅游。你希望这次旅行能够充分满足你的个人兴趣和需求，比如美食、历史文化、自然景观等。生成式人工智能可以帮助你创建一个个性化的行程规划，确保每一天都充满惊喜和乐趣。

　　假如你是一位旅游企业的互联网营销师，你可能对生成式人工智能在个性化行程规划中的应用感到兴奋。这种技术能够深入分析每位游客的偏好、历史行为和反馈，从而定制出独一无二的旅行体验。无论是偏好自然风光的徒步爱好者，还是寻求文化深度游的学者，生成式人工智能都能提供从景点选择、活动安排到餐饮推荐和住宿预订的全方位服务。它还能根据实时天气和交通状况调整行程，确保旅行计划的灵活性和可行性。

二、工作原理

　　生成式人工智能在个性化行程规划中发挥着重要作用。其核心原理是通过大规模数据训练和自然语言处理技术，生成符合用户需求的行程计划。

　　首先，系统需要收集大量的数据，包括用户信息和目的地相关数据。用户信息可以通过问卷、对话式界面或历史数据获取，涵盖基本信息（如年龄、性别）、偏好（如兴趣爱好、饮食习惯）、特殊需求（如无障碍设施、宠物友好等）以及旅行计划（如日期、预算）。目的地数据则包括天气、交通、热门景点、餐厅、酒店、活动等信息，这些数据可以通过 API、网络爬虫或合作伙伴提供的数据源获取。在数据收集后，进行预处理，包括数据清洗、格式化和标准化，以确保数据的一致性和准确性。

　　接下来，利用自然语言处理技术，对用户输入的信息进行分析，提取关键需求和偏好。例如，通过对用户的描述进行情感分析，可以判断用户对某些活动或地点的感兴趣程度。这一步骤旨在深入理解用户的需求，为后续的行程生成提供精确的依据。

　　然后，将用户需求与目的地数据进行匹配，生成初步的推荐列表。此过程涉及多个步骤，包括兴趣匹配、预算匹配和时间匹配。兴趣匹配根据用户的兴趣和偏好，筛选出符合条件的景点、餐厅和活动；预算匹配根据用户的预算，筛选出符合预算范围的住宿和活动选项；时间匹配则根据用户的旅行日期和时长，合理安排每日的活动和交通时间。

　　利用生成式人工智能模型生成一个初步的行程安排。具体步骤包括日程安排、推荐理由和交通安排。日程安排确定每日的活动安排，包括访问景点、就餐、休息等；推荐理由为每个推荐提供简要的解释，说明选择该选项的原因；交通安排考虑到交通时间和方式，确保行程的可行性。

在生成初步行程后，用户可以对其进行反馈和调整。生成式人工智能可以实时根据用户的反馈进行优化，如增加或删除活动、调整活动顺序以及根据实际情况（如天气变化、交通堵塞等）进行实时调整。这一过程确保了行程规划的高度个性化和灵活性。

在旅行过程中，生成式人工智能可以提供实时支持和更新。即时推荐根据用户的实时位置和时间，提供即时的餐厅、景点推荐；导航与翻译提供导航服务和语言翻译支持，帮助用户更顺利地进行旅行；紧急情况处理在遇到突发情况时，提供紧急应对建议和帮助。这些功能进一步提升了用户的旅行体验。

最后，旅行结束后，系统会收集用户的反馈，用于改进未来的行程规划服务。反馈内容包括满意度评分、整体评价以及建议和意见。用户可以对每个推荐的满意度进行评分，并对整个行程安排进行整体评价，同时提供改进建议和意见。通过这一循环反馈机制，系统能够不断优化自身的推荐算法和服务质量，从而为用户提供更加精准和满意的行程规划服务。

三、产业案例

携程问道

2023 年 7 月 17 日，携程在上海发布了国内首个旅游垂直行业的大模型——"携程问道"。这标志着人工智能生成内容在旅游行业的实质性应用迈出了重要一步。携程创始人梁建章在发布会上深入探讨了大模型在旅游行业的机会及其未来可能带来的潜在价值。在旅游行业，如何利用 AIGC 技术提升用户体验和解决发展瓶颈，是一个重要课题。旅行者的旅途可以大致分为三个阶段：行前、行中和行后。其中，行前阶段是 OTA（在线旅游代理）需要重点关注的环节。

1. 行前规划的挑战

在旅游行业，行前阶段是 OTA 提升用户体验和促进消费决策的关键时期。OTA 面临的主要挑战是如何更高效地吸引旅行者，并延长他们在平台上的停留时间，进而深度影响旅游消费决策，促使更多实质性消费。这不仅需要提供丰富的旅游信息和个性化推荐，还需要解决旅行者在规划行程时的疑问，帮助他们从海量选择中快速做出决策。OTA 需利用 AIGC 技术，通过收集和分析旅行者的行为和偏好数据，提供精准的个性化服务，从而在行前阶段有效种草并促进消费。

在旅游行业的行前阶段，旅行者通常可以划分为两大类：一类是需求模糊的旅行者，他们对于旅行的目的地、方式、住宿和行程等都缺乏明确的规划，需要投入大量时间来梳理和确定自己的旅行需求；另一类则是需求较为明确的旅行者，他们已选定目的地，但在选择具体的旅游产品和服务上仍有疑问。大模型的作用在于通过收集和分析海量的非结构化数据，如旅行者的提问和反馈，以及结构化数据，如产品信息、价格和路线等，来提供精准的个性化推荐和靠谱的答案，帮助旅行者明确需求并简化决策过程。携程在这方面的数据积累尤为显著，已筛选出超过200亿条高质量的旅游非结构化数据，这些数据在行前阶段为旅行者提供了强有力的支持，使他们能够更高效地做出旅游消费决策。

2. 大模型的进一步应用

大模型的进一步应用体现在携程推出的"系列榜单"，这些榜单是对答案集锦的二次精编，旨在提供更精准的答案，帮助旅行者从众多选项中迅速找到符合需求的选择。例如，针对"大理最具设计感的酒店是哪家"这样的问题，携程会通过大数据分析，从上亿条点评中筛选出与设计感相关的关键词，经过线下审查确认，最终形成一个精简的、高品质的酒店推荐名单。此外，携程还利用"旅行异动归因模型"搜集和分析旅行中的"异动数据"，这些数据往往反映了吸引旅行者的核心因素，如特殊活动或季节性事件，从而在旅行者询问"最近有哪些特别的目的地"时，提供符合其需求的答案。这些榜单的生成依赖于复杂的数据运算和算法，确保了其实时性和相关性，成为大模型优先向旅行者提供的答案。

3. AIGC 的局限性与未来展望

尽管 AIGC 技术在旅游行业的应用前景广阔，梁建章也提醒业界，AIGC 不可能完全代替旅行者做决策，尤其在休闲旅游领域。AIGC 提供的是选择的清单，具体的选择和决策仍需由人类完成。携程新推出的"系列榜单"虽然基于算法生成，但最终仍需人工校验，再推向旅行者。

梁建章强调，AIGC 在垂直领域的应用刚刚开始，还有很多的工作要做，值得更多的期待和探索。

（资料来源：https://new.qq.com/rain/a/20230720A06T6300）

AI 旅行管家 Layla

2023 年即将结束，在这个说走就走的旅行时代，不擅长旅游规划的旅游者常因不做规划而苦恼。但随着技术进步，现在完全可以把这项任务交给 AI 来完成。AI 应用的智能定制服务为用户提供了更加灵活、个性化的选择，能够根据用户的个人喜好、预算和时间安排，量身定制旅行计划。有了这些智能应用，不再需要花费大量时间和精力去研究和规划旅行路线，只需输入需求和偏好就能生成一份完美的旅行计划。

1. Layla：了解整个世界的旅行社

Layla 便是这样一个为个性化旅行量身打造的智能 App（图 3-1）。当下，一场说走就走的旅行可能在出发前需要好几个小时的时间做攻略。Layla 致力于缩小发现和完成预订流程之间的差距，采用旅行者最熟悉的方式完成旅行规划。这家位于柏林的公司 2023 年完成了 330 万美元（约 2350 万元人民币）的天使轮融资，投资阵容包括 Paris Hilton、Booking.com 的联合创始人 Andy Phillips 等。尽管 Layla 在 11 月才上线，但已

图 3-1　AI 旅行管家 Layla

（资料来源：https://app.laylas.ai/）

经引起了不小的轰动。

Layla 的成功离不开其创始人 Jeremy Jauncey 和 Saad Saeed 的努力。他们创立 Layla 的理念是颠覆传统搜索方式和重新定义旅行计划，在他们眼中，Layla 是一个"了解整个世界"的旅行社，为人们提供旅行建议。Jauncey 表示："Layla 是集合改善旅行搜索体验、提供绝佳内容和相关推荐的伟大创造。比如我们在 Instagram 上看到一个想去的瀑布景点，但最终预订酒店和景点门票等可能要辗转多个网站，流程十分复杂。我们希望 Layla 是一站式解决所有问题的有力工具。"

2. 一键式旅行管家

Layla 利用人工智能提供个性化的旅行推荐，旨在帮助用户将旅行规划流程简化为"一条龙"且具有"亲密关系"的服务。

用户友好的攻略制定模式。Layla 的核心是一个智能聊天机器人，用户可以通过官方 Chat 页面直接与 Layla 进行旅行计划交流，还可以通过 App 或 Instagram 账户访问这款旅行计划聊天机器人。Layla 将传统制定旅行攻略的复杂任务整合到一个用户友好的体验中，从而简化了旅行计划流程。用户只需输入需求，便可轻松制订旅行计划。如输入目的地、出发时间和预算等，Layla 便会有进一步的回应和引导，同时航班信息、价格等也可以直接在该页面获取。Layla 还定期分享旅行博客，介绍不同国家和地区的特色和景点，为用户提供参考和选择。该应用还允许用户通过 Skyscanner 和 Booking.com 等预订航班和住宿，为用户带来一键式、智能的旅行安排。

你的旅行"搭子"。Layla 不仅是一个旅行计划器，更像是一个有着丰富旅行经验的博主。聊天机器人的一部分旅行资讯和信息源自社交媒体的旅行内容，无论是景点、美食、住宿都已经获得大多数年轻旅行者的一致认可。此外，Layla 还提供沉浸式的交互体验，用户可以和其进行个性化对话，实时获取满足自身偏好和计划的定制建议。如在旅行过程中关于当地活动、文化和礼仪等问题都可以向 Layla 询问并得到积极回应。Layla 不仅能够满足用户的"情绪价值"，而且如同一个时刻陪伴的 AI 旅行"搭子"。目前，Layla 正在开发视觉推荐引擎技术，以解释基于图像的查询，为用户带来更细致的旅行体验。

3. 旅行攻略新范式

放眼整个旅游业，在 20 世纪后期，人们计划旅行还需要提前做很多工作。通常会前往旅行社，与代理商会面，并查看小册子以选择目的地，这是多年来大多数人旅行的唯一方式。但在互联网发展迅速的今天，人们可以自己搜索、制作旅行攻略，省下了交给旅行社的代理费。时间再快进几年，旅行又会变成什么样呢？

未来，或许将会上线专门寻找低票价的网站、回答问题的聊天机器人、酒店的自动建议、可搜索的活动列表、旅行必需品的定向广告等。人类洞察力与人工智能的结合，将为旅行者创建最高效、最愉快的行程。优化旅行预订、个性化旅行推荐、动态价格跟踪、航班预报，在人工智能的帮助下，用户可以享受到更加智能的旅行体验。

项目二　导游词创作和虚拟讲解

一、应用场景

假设你是一位导游员，你需要为特定的团队和旅游目的地创作导游词。生成式人工智能根据游客的兴趣、背景和需求，生成个性化的导游词。例如，针对历史爱好者，AI 可以提供更详细的历史背景介绍；针对家庭游客，AI 可以突出适合儿童的活动和景点。假设你是一位游客，你甚至可以自主完成以上的工作，并通过手机查阅相关介绍和历史故事，并以自己喜欢的方式聆听电子导游的虚拟讲解。

二、工作原理

生成式人工智能模型进行导游词创作的工作流程可以分解为几个关键步骤。首先是数据收集与预处理，模型需要大量的文本数据，这些数据可以包括旅游指南、历史文献、地理信息和用户评论等。经过清洗和标注后，确保这些数据的质量和一致性，为模型提供可靠的训练基础。

接下来是模型预训练，模型在大规模通用语料上进行预训练，学习语言的基本结构、词汇和常识知识，使其能够理解和生成自然语言。在此基础上，模型还需要在特定的旅游领域数据上进行微调，这一步骤让模型适应导游词创作的具体需求，包括对旅游景点的描述和历史背景的讲解。

用户输入处理是生成导游词的重要环节，用户可以提供一些输入信息，如旅游景点名称、游客偏好和季节或时间等。模型会根据这些输入信息，提取关键要素并理解上下文，从而生成连贯且富有信息的导游词。生成过程中，模型结合历史背景、文化故事和地理位置等多方面的信息，使导游词生动有趣。

生成的文本可能需要进一步的语法检查和润色，以确保语言流畅和表达准确。根据用户反馈，文本还可以进行个性化调整。最终生成的导游词可以以文本形式展示，或者通过语音合成技术生成语音导游词，为用户提供多样化的体验。

技术细节方面，生成式人工智能模型通常基于 Transformer 架构，通过自注意力机制捕捉文本中的长距离依赖关系。语言模型预测下一个词或短语，从而生成连贯的句子。模型具备上下文感知能力，能够理解输入信息的背景和意图，生成符合情境的文本。这些技术使得生成式人工智能在旅游 App 和虚拟导游等应用中，能够自动生成个性化的导游词，为用户提供定制化的旅游体验。

三、产业案例

腾讯文旅的景区导游导览大模型

腾讯文旅的景区导游导览大模型是一个结合人工智能技术的创新服务平台，致力于提升游客的游览体验（图 3-2）。该平台由腾讯文旅联合河南省文化和旅游厅、云台山旅游服务有限公司及林州市红旗渠风景区旅游服务有限责任公司共同发布，标志着旅游景区服务进入大模型智能服务的新时代。自 2023 年 8 月 1 日起，该平台开始为游客提供智能化的导览服务，以应对文旅行业复苏期间游客量的显著增长。

腾讯文旅的景区导游导览大模型服务平台通过智能客服智能导游"小豫"实现了与游客的多轮深度对话，使得游客可以就行程规划、景点推荐、餐饮选择等问题进行连续提问，智能客服能够理解并回答每一个问题，提供全面而深入的服务。此外，平台结合游客的偏好、景区天气和人流情况，智能推荐专属定制的游览路线，不仅帮助游客更高效地规划行程，还提升了游览体验的个性化和舒适性。通过多轮对话，游客还可以获取更细节化的信息，如当询问"云台山有什么好吃的"时，智能客服不仅会提供概括性的美食介绍，还能根据进一步的问

图 3-2　腾讯文旅的景区导游导览大模型
（资料来源：https://new.qq.com/rain/
a/20230801A0855X00）

75

题，如"一家三口旅行最经济实惠的吃饭方式有哪些"或"不吃辣有哪些选择"，提供更具体的答案。

平台通过大模型的内容生成能力，能够根据游客的实时位置自动生成与当前景点相关的个性化知识讲解内容，确保游客在游览任一景点时都能即时接收到详细信息，增强了游览的互动性和教育性。此外，平台能够在游客游览过程中实时推送相关讲解内容，解决游览过程中的问题，提升便捷性和趣味性。大模型的内容理解与生成能力使得讲解内容不仅丰富、准确，还具有吸引力，提升了游客的整体游览体验。通过腾讯 LBS（基于位置服务）大数据能力，平台还能实时分析景区内的人流和拥挤情况，为游客提供更优的游览路线，避免拥堵，确保游览的顺畅和舒适。

未来，随着景区导游导览大模型服务平台的深入落地，腾讯文旅也将持续深耕景区场景，挖掘游客等多方需求，携手合作伙伴进一步探索大模型等 AI 技术在行业各个场景中的应用，为游客提供智能化、个性化和创新的旅游服务，推动数字文旅释放更多价值。

项目三　旅游新媒体内容生成

一、应用场景

假设你是一位旅行爱好者，计划去一个从未去过的城市旅游。生成式人工智能可以根据你的个人兴趣和需求（如美食、历史文化、自然景观等），自动生成一段个性化的旅游推荐视频。视频中不仅会展示你可能感兴趣的景点，还会配上相关的背景音乐和解说词，为你提供一个全面的视觉和听觉体验。

假设你是一位导游员，生成式人工智能可以帮助你制作针对特定团队和旅游目的地的导游介绍视频。AI 可以根据游客的兴趣、背景和需求，生成个性化的图片与视频内容。如果你需要为宣传资料制作照片，生成式人工智能可以根据旅游目的地的特点，为你生成逼真的虚拟图片。例如，如果你需要展示某个历史遗址但无法亲自前往，AI 可以根据已有的资料生成该遗址的虚拟背景，让你的宣传资料更加丰富和专业。

二、工作原理

数据收集与预处理是生成式人工智能模型的基础。与文本生成类似，图片和多媒体生成也需要大量的视觉数据，这些数据可以包括各种风格的图片、视频片段、音频样本等。数据需要经过清洗和标注，以确保质量和一致性，为模型提供可靠的训练基础。

模型预训练帮助 AI 理解视觉内容的基本结构和模式。模型在大规模的视觉数据集上进行预训练，学习图像的基本特征、颜色分布、纹理和形状等视觉元素。这个阶段为模型打下了坚实的基础，使其能够理解和处理复杂的视觉信息。

特定领域的微调让模型适应特定类型的图片和多媒体生成。在通用预训练的基础上，模型需要在特定的领域数据上进行微调，如风景图片、人物肖像或特定主题的多媒体内容。微调使模型能够更好地理解特定领域的风格和元素，从而生成更加符合要求的作品。

用户输入处理是生成过程中的关键环节。用户可以提供一些输入信息，如图片风格、主题、色彩偏好等。模型根据这些输入信息，提取关键要素并理解上下文，为生成过程提供指导，使最终生成的内容更符合用户需求。

内容生成利用先进的技术（如 GAN 或 VAE）来创造新的视觉作品。模型结合用户输入和预训练的知识，通过 GAN 或 VAE 等技术，生成新的图片或多媒体内容。这一过程不仅高效，而且能产生高质量的作品。

后处理与优化提高了生成内容的质量和美学标准。生成的图片或多媒体内容可能需要进一步的编辑和优化，可以使用图像编辑软件或进一步的 AI 算法进行调整，以提高质量或符合特定的美学标准。

技术细节说明了生成式人工智能模型的底层架构和工作机制。生成式人工智能模型在图片与多媒体制作中通常基于深度学习架构，如卷积神经网络用于图像识别和特征提取。GAN 通过训练生成器和判别器两个网络，生成器负责创作新的图片，而判别器则评估生成的图片是否真实。自编码器则通过学习数据的压缩表示，重构输入数据，用于生成新的数据实例。

生成式人工智能在各个领域的广泛应用。最终生成的图片和多媒体内容可以用于广告、社交媒体、游戏设计、虚拟现实体验等多种场景。用户可以通过不同的平台和设备访问以及体验这些生成的内容，享受 AI 带来的便利和创意。

三、产业案例

AI 眼中的崂山四季

《AI 眼中的崂山四季》是一部创新性的旅游宣传片，它以人工智能生成内容技术为核心，成功地在极短的时间内展现了中国山东省青岛崂山的四季变换与自然美景。这部宣传片的全长为 108 秒，通过 AI 绘画软件精心制作，呈现了崂山的十个特色景点，如茶园、渔村、樱桃沟、海湾和群山等，每个场景都通过 AI 技术渲染得栩栩如生，色彩丰富，细节精致。

该视频的创作历程充满挑战与创新。从构思到成片，整个过程仅用了不到三天时间，这在传统视频制作中是难以想象的。李超，作为本片的 AI 绘画设计师，使用了"无界 AI"这一工具，通过输入描述性的文字提示，AI 便能迅速生成符合要求的高清图像。尽管构思每一幅画面需要较长时间，但 AI 的出图速度极快，仅需数秒，大大提升了制作效率。

《AI 眼中的崂山四季》在 2023 年山东省旅游发展大会开幕式上首次亮相，随后迅速在"学习强国"、微博等社交媒体平台上走红，引起了广泛关注和讨论。视频的成功不仅展示了 AIGC 技术在旅游宣传领域的应用潜力，也启示了文旅行业在内容创作、营销策略和商业模式上的新方向。

此外，这部宣传片的制作和发布，为文旅行业提供了重要的启示：AIGC 技术可以大幅提高内容生产的效率和质量，降低成本；个性化和创新性的内容能够更好地吸引观众的注意力；技术与创意的结合为传统行业带来了新的发展机遇。《AI 眼中的崂山四季》不仅是一次技术展示，更是对未来文旅宣传创新的一次有益探索。

（资料来源：https://www.panewslab.com/zh/sqarticledetails/e256eyrh.html）

中旅国际首届 AIGC 创作大赛《AIGC 绘境：浪漫洱海旅拍》

中旅国际于 2024 年 4 月举办了首届 AIGC 创作大赛《AIGC 绘境：浪漫洱海旅拍》。这是一个专注于利用人工智能生成内容技术来创作与洱海旅拍相关的作品的大赛。该大赛由中旅国际旗下景区洱海生态廊道主办，由中旅国际、星途 AI 和无界 A 协办，星途 AI 平台提供技术支持和创作工具。比赛紧扣旅拍与白族文化两大核心，成功落下帷幕，汇聚了约 400 位杰出设计师的创意火花，共同创作出 1200 余幅作品。

大赛的创作主题围绕洱海风情与白族文化展开，旨在通过 AIGC 技术展现洱海的自然美景和文化特色。大赛在参赛说明中为比赛选手提供了 AIGC 模型的推荐与关键词的推荐，帮助选手更好地完成作品。优秀作品不仅参与了洱海生态廊道白族三月街活动的艺术展览，还在五一黄金周期间在洱海廊道进行了线下艺术展览，并向游客提供了免费 AI 旅拍体验，让游客体验科技与自然的和谐产生共鸣。

此外，中旅国际 AIGC 创作平台"星途 AI"的发布，标志着中旅国际在科技创新领域的重要探索，也是对文旅融合发展的积极实践。星途 AI 平台将每月定期举办 AIGC 创作大赛，为文旅产业注入新的艺术活力，并为文旅景区的营销与推广提供全新的可能性。

大赛的成功举办，不仅展示了 AIGC 技术在文旅行业的应用潜力，也推动了文旅产业向数字化、智能化转型，为行业的文旅融合及数字化赋能提供了有力支持。

（资料来源：https://https://www.aitop100.cn/infomation/details.html?id=17111）

项目四　旅游互联网营销

一、应用场景

假如我是一名旅游企业的互联网营销师，需要运用生成式人工智能来革新我们的在线营销战略。AIGC 能够根据游客的兴趣、搜索习惯和反馈，定制个性化的旅游体验和营销信息，从而提高用户的参与度和转化率。例如，我可以利用 AIGC 技术为特定用户群体设计引人入胜的旅游故事和攻略，通过情感化的软文营销，增强用户与品牌的联系。此外，AIGC 还能帮助我们自动生成并发布社交媒体内容，如风景图片、旅游小贴士或客户评价的可视化展示，以提高用户互动。在广告创意方面，AIGC 能够设计出适应不同营销渠道和用户群体的吸引眼球的海报和视频广告。同时，通过 SEO 优化的内容生成，我们可以提高网站在搜索引擎中的排名，吸引更多有机流量。电子邮件营销也将通过 AIGC 定制化，发送个性化的旅游资讯和特别优惠，以提高用户的打开率和点击率。通过这些策略，AIGC 将成为我们连接客户、提升品牌形象和增加销售的强有力工具。

二、工作原理

生成式人工智能在旅游互联网营销中的核心原理是通过深度学习和自然语言处理技术，自动生成符合用户偏好和市场趋势的个性化营销内容。

数据收集与预处理是 AI 模型训练的基础。AI 模型需要大量的文本数据，如旅游相关的软文案例、用户评论、博客文章、新闻报道等。这些数据经过清洗、去重和标注，确保其质量和一致性，为模型提供可靠的训练基础。

模型预训练为理解自然语言打下基础。AI 模型在大规模的通用语料上进行预训练，学习语言的基本结构、词汇、语法和常识知识，使其能够理解和生成自然语言。在预训练的基础上，模型进一步在特定的旅游软文数据上进行微调，以适应旅游软文营销的具体需求，如品牌声音、目标受众特征和市场趋势。

用户输入处理让软文内容更贴合需求。用户可以提供一些输入信息，如旅游产品特性、营销目标、目标受众描述、主题或情感基调等。AI 模型根据这些输入信息，提取关键要素并理解上下文。模型结合用户输入和预训练的知识，生成具有吸引力和说服力的软文内容。这可能包括引人入胜的故事、产品优势的描述、情感上的共鸣等。

内容优化与调整提升软文的可读性和说服力。生成的软文内容可能需要进一步的编辑和优化，以提高说服力和阅读体验。这可能包括语法检查、风格调整和个性化定制。生成式人工智能模型通常基于 Transformer 架构，利用自注意力机制捕捉文本中的长距离依赖关系，预测并生成连贯的句子。模型具备上下文感知能力，能够理解输入信息的背景和意图。

发布与效果跟踪是评估和优化的关键。最终生成的软文通过互联网营销渠道发布，如社交媒体、博客、新闻网站等。同时，通过分析用户互动和转化数据，评估软文的效果，并为未来的营销策略提供洞察。

三、产业案例

"玩点多多"智能创作引擎

玩点旅行是由飞猪前副总裁黄宇舟带队创立的公司，核心成员均有在线旅游创业背景，目前团队共 150 人。该公司专注于全渠道代理电商和营销服务，基于人工智能技术的内容 SaaS 服务，并通过投资"自我游"逐步打通供应链和渠道，构建旅游业开放平台。玩点旅行的全渠道代理电商和营销服务已经签约合作超过 100 家知名客户和品牌，在飞猪、抖音、小红书、微信等线上新媒体生态对接合作了超过 10000 个渠道合作伙伴，2023 年截至 8 月累计交易规模突破 20 亿元。

"玩点多多"智能创作引擎是玩点旅行推出的一款创新性内容营销工具，它通过人工智能技术，极大地提升了文案创作的效率和规模（图 3-3）。该引擎的主要功能包括自动化生成文案、智能标题构思、SEO 优化、内容审核与润色等，旨在帮助旅游企业快速产出高质量的营销内容。具体来说，"玩点多多"能够在短时间内，如 30 分钟内，生成 1000 条原创文案，这一效率的实现得益于其强大的 AI 算法和自然语言处理能力。此外，通过实际案例，如帮助客户在暑期旅游高峰期实现单月超 1000 万的视频播放和流量增长，"玩点多多"展示了其在提升旅游营销内容吸引力和转化效率方面的显著优势。这些数据和案例充分证明了"玩点多多"智能创作引擎在文案创作方面的强大功能和实际应用价值。

"玩点多多"智能创作引擎通过这些功能，不仅提高了内容创作的效率和质量，还通过数据驱动的方法，提高了营销内容的针对性和吸引力，为旅游营销领域带来了创新性的变化。

图 3-3　"玩点多多"智能创作引擎
（资料来源：https://www.wdtrip.com/duoduo/）

项目五　多语言支持和翻译

一、应用场景

假如你是一名热爱探索世界的旅行者，你站在一个陌生的国度，周围是陌生的语言和文化。这时，如果你的智能手机能够即时翻译周围的画面与声音，提供实时的多语言支持，你的旅行体验会有多么不同。这就是生成式人工智能在旅游领域所能带来的革命性变化。AIGC 技术能够根据你的语言偏好、旅行历史和个人兴趣，定制个性化的旅游体验。无论是通过智能手机应用还是智能手表，AIGC 都能够提供实时的语言翻译服务，让你在异国他乡也能自如交流。当你在一家当地餐厅点餐时，AIGC 可以即时将菜单翻译成你的母语，让你轻松选择心仪的美食。在参观历史遗迹时，AIGC 能够提供多语言的解说，让你更深入地了解当地的文化和历史。此外，在社交媒体上分享你的旅行经历时，AIGC 可以帮助你将内容翻译成多种语言，让你的故事触及更广泛的受众。无论是在 Instagram 上的一张风景照片，还是在 Twitter 上的一段旅行感悟，AIGC 都能确保你的分享跨越语言的障碍，从而增强社交互动。

二、工作原理

生成式人工智能正以其先进的深度学习和自然语言处理技术，为旅游行业带来革命性的多语言支持和翻译解决方案。这种技术通过模仿人类的语言生成过程，能够理解和创造自然、流畅的文本，极大地促进了跨语言、跨文化的旅游交流。

数据收集与预处理：智能翻译的起点。AIGC 的高效性能始于对大量多语言文本数据的收集与预处理。这些数据源包括旅游指南、用户评论、博客文章等，它们经过清洗、去重和标注，为模型提供了一个多语言、多领域的语言知识库。

模型预训练：构建语言理解的基础。在数据准备之后，AIGC 模型在多语言语料库上进行预训练，这一阶段模型学习语言的基本结构、语法规则和词汇用法，为进一步的微调和特定任务学习打下坚实的基础。

领域微调：精准适应旅游行业的特定需求。针对旅游行业的特定需求，预训练完成的模型将接受领域特定的微调，专注于学习旅游相关的术语、表达和用户偏好，确保翻译和生成的内容既专业又符合文化背景。

用户输入的智能处理：个性化语言服务的关键。用户可以提供特定的输入信息，如旅行目的地、兴趣点或个人偏好，AIGC 模型通过智能处理这些输入，生成符合用户需求的个性化旅游内容，包括攻略、文化介绍等。

内容生成与优化：创造流畅自然的多语言体验。AIGC 模型不仅能够翻译现有内容，还能创造全新的旅游相关文本，同时通过内置的优化算法，确保生成的文本无论在语法还是在风格上都自然、准确，提供高质量的阅读体验。

持续学习与效果跟踪：不断提升翻译质量。通过持续跟踪用户反馈和翻译效果，AIGC 模型能够不断学习和自我优化，以适应不断变化的语言使用习惯和用户需求，确保翻译服务始终保持高标准。

生成式人工智能在旅游多语言支持和翻译的应用，正在重新定义我们与世界沟通的方式。随着技术的不断进步，未来的旅游将不再有语言障碍，每一位旅行者都能自由地探索多元文化，享受个性化的旅游体验。

三、产业案例

"译"起出游 有它就够

在出国旅游中，最大的问题就是语言，尤其是去那些非英语国家，完全陌生的语言文字总是让人苦恼。但这怎么能是拦住你行万里路的绊脚石呢？ Google 翻译"即时相机翻译"功能的更新升级，为那些在国庆假期踏出国门探索世界的人成功保驾护航。

你所认识的 Google 翻译，支持多语言的文本互译，出色的文本互译功能想必已经为你解决了很多难题。而"即时相机翻译"这一黑科技，则能让你从文字走向现实。你只需将相机镜头对准外语文本，就可以用你自己的语言来探索世界。这项功能可以帮你直观地了解周围环境，即使在无法连接到无线网络或蜂窝数据的情况下也能使用，因此在国外旅行时格外有帮助。但在之前的版本中，"即时相机翻译"功能只支持中文和英文之间的互译。随着中国人的脚步踏遍地球的每一个角落，Google 翻译也对这一功能进行了升级，在刚过去的国庆假期为出国旅游的人提供了不少便利。我们一起来回顾一下这些新功能吧！

1. 语种扩容：支持 88 种语言，可译成 100 多种语言

我国出境旅游目的地中很多都是非英语国家，对于非英语语种的即时拍照翻译在旅途中显得尤为重要。新升级的"即时相机翻译"可以将 88 种源语言翻译成 Google 翻译支持的 100 多种语言中的任何一种。这意味着，现在你可以把日语、韩语、泰语、法语、阿拉伯语等语言直接显示成中文。

2. 智能检测：自动检测语言，轻松驾驭多语种区域

神圣罗马皇帝查理曼曾说过："学会一门外语，就能拥有第二个灵魂。"每种语言都有自己独特的魅力。而对于那些官方语言不止一种的国家，游客在进行翻译之前，还需要判断所要翻译的文字到底是哪一种语言。这对于出国旅游的翻译来说，一直都是个难题。现在，Google 翻译将为你呈现目的地国家的另一个灵魂。你只需要将"检测语言"设为源语言，Google 翻译就会自动识别目标文字的语言并进行翻译。比如，此刻你正在比利时旅行，那里同时使用着荷兰语、德语和法语。当你在餐厅吃饭时，Google 翻译可以自动为你检测出菜单所使用的语言，并翻译成中文。只要有 Google 翻译，你也可以随意买一张机票，去任何地方喂鸽子，你甚至还可以在喂完鸽子之后找一家当地餐厅吃一顿美食。无论你去哪里，Google 翻译都在你的身边。

3. 全新版本：翻译结果更准确，操作方式更直观

在新的"即时相机翻译"功能中，首次内置了强大的神经网络机器翻译技术，让翻译结果更加准确和自然。同时，你还可以下载支持神经网络机器翻译技术的语言包，在没有网络的情况下依然好用。当然，接入网络时，翻译质量会更优秀。而全新的界面，更直观的操作方式，让用户使用起来更便利、流畅。此外，通过系统修复与升级，大大

减少了之前版本翻译文本时的闪烁现象，使翻译的文字更加稳定、更易于阅读。

让生活中的每个人受益于技术的进步，Google 一直在努力。有了 Google 翻译，那些不会外语的人也能畅游世界。陌生语言又如何？Google 在手，天下我有。全球各地，"译"路无阻。掌上 Google 翻译，脚下大千世界。"译"起出游，有它就够！

（资料来源：https://www.jiemian.com/article/1209001.html）

INMO Air 国内首款 AR 翻译眼镜，商务、学习、旅行的新选择

近年来，随着 AR 技术不断发展，多个智能应用产业迎来创新变革。2022 年 6 月 20 日，专注 AR 智能眼镜领域研发、设备及解决方案设计的 INMO 影目科技与网易有道强强联动，共同打造炫酷 AR 翻译应用。全新亮相的 INMO Air AR 智能眼镜不仅造型炫酷时尚，而且还解锁了 AR 翻译应用功能，全面融入各种跨语言沟通场景，满足商务、学习、旅行市场的新需求，让沟通无障碍，让交流无国界（图 3-4）。

1. INMO Air 打造国内首款 AR 翻译眼镜

可穿戴设备的 AR 技术开发是近年来的产业热点话题，全球众多科技巨头纷纷进入赛道布局。不久前，在推出谷歌眼镜十年之后，谷歌母公司 Alphabet 公司就发布了一条视频，声称推出了一款可实时进行翻译的智能眼镜。不过，除了视频之外，公众迟迟没有看到实体机器出现，这也进一步激发了各界对于 AR 智能眼镜的浓厚兴趣。令各界没

图 3-4　INMO Air

（资料来源：https://www.bilibili.com/video/BV1Eg4y1X7Jc/）

有想到的是，国内厂商 INMO 影目科技在国内首次实现了重大突破，成功打造出国内首个与谷歌同一形态和功能的 AR 翻译眼镜。

作为智能穿戴设备，INMO Air AR 智能眼镜左侧带有一枚摄像头，拥有元界黑、演绎绿两种配色。这款眼镜也不同于谷歌眼镜的硬科技感，产品小巧玲珑结构轻盈，重量不足 79 克，外观上采用"液态机能风"设计，佩戴时尚酷炫的同时也很舒适。甚至，INMO Air 出厂配置了墨镜片和平光镜片，方便用户在室内外不同环境佩戴。此外，作为消费级智能产品，2999 元的预售价格相比市场上同类型产品也更加亲民。

2. INMO 与网易有道强强联合，让 AR 眼镜打破沟通障碍

据相关负责人介绍，INMO 影目科技与网易有道合作开发智能眼镜的 AR 翻译应用功能，就是为了进一步精准满足各种细分应用场景及人群的消费需求。以商务人士为例，WORD、PPT 等办公文件渗透在日常工作、生活中的细节，INMO Air AR 智能眼镜除了自带"文档"应用功能可帮助用户随时随地查看各类工作文档之外，还能成为戴在眼前的"提词器"，让用户与国外客户沟通无障碍，全面提升职场技能。

对于学生族来说，INMO Air AR 智能眼镜集"随身电子文档"和"实时翻译"等功能为一体，相当于配置一名 24 小时全天候在线的"隐形外教"，将各种碎片化时间充分利用，真正解决了众多孩子和父母对于英语教学的烦恼。此外，热爱旅游的人士佩戴 INMO Air AR 智能眼镜可以更加自由轻松，这款眼镜能够超 55 小时超长待机，可以让用户出国旅行不用跟团也能轻松与当地人深入沟通，感受最纯粹的当地风土人情。而对于同样数量庞大的听障人士来说，可以让听障人士像普通人一样正常交流沟通，将对方所说的话实时显示在眼前，打破偏见壁垒，真正体现科技的力量和温度。

3. INMO Air 智能眼镜京东平台发售

值得一提的是，这款国内首款 AR 翻译眼镜在京东平台有售。同时，在重点开发翻译功能的基础上，影目科技同样注重眼镜的佩戴舒适性和实用性。据悉，影目科技大胆启用仅此一家的无线设计和 83% 高透光率波导片，让 INMO Air 成为首个能独立运行且不影响现实视野的 AR 眼镜。此外，产品内部设有隐私功能，也保证了用户在轻松使用的过程中没有信息外泄的隐忧。INMO Air AR 智能眼镜还有超强的系统兼容性，除了影目科技自研应用之外，大量安卓第三方应用也能为用户所用，这就将更多的应用囊括其中，将原本在其他终端的应用转移至 AR 眼镜，进一步拓宽了实用性和可玩性。

随着元宇宙热度持续升温，AR 技术与众多产业有了更多的交集。当下的智能眼镜市场就处于发展初始阶段，很多产品受制于技术和理念，不仅严重缺乏视觉上的交互，使用场景也相对狭窄，用户的智能体验感偏弱，实用性欠缺。一直专注于以产品力为核心深耕消费级 AR 智能眼镜的影目科技，希望打造一副能让人们日常佩戴使用的 AR 智能眼镜，也为用户创造一个可看、可玩、可用的平行世界。INMO Air AR 智能眼镜的成功问世，也为整个行业的未来发展提供了借鉴方向。

项目六　智能客服和问答系统

一、应用场景

　　假如你是一位旅游企业的互联网营销师，每天面对着成千上万的游客咨询。AIGC 的核心优势之一是其能够处理大量的客户咨询，无论是通过网站聊天窗口还是社交媒体平台。通过训练 AIGC 模型，使其理解常见的旅游相关问题，并提供准确、及时的回答，可以显著提高响应速度和服务质量。此外，AIGC 还能够从每次互动中学习，不断优化其回答策略，确保客户获得最佳体验。同时，AIGC 技术能够根据游客的兴趣、搜索习惯和反馈，提供个性化的客户服务。例如，当一位游客在网站上查询关于某个旅游目的地的信息时，AIGC 可以自动分析其行为模式，并提供定制化的旅游建议和答案。这种个性化的服务不仅提升了客户满意度，还增强了品牌忠诚度。

　　假如你是一名游客，当你访问旅游公司的官网时，智能客服立即通过聊天窗口与你互动。它不仅能够理解你的问题，还能根据你的搜索历史和偏好，推荐个性化的旅游方案。这个智能客服系统能够 24 小时不间断地提供服务，无论你是在深夜规划行程，还是在旅行中需要即时帮助。它能够快速响应你的问题，这种个性化服务让你感到非常贴心，仿佛有一个专属的旅游顾问随时待命。

二、工作原理

　　生成式人工智能正在革新我们与智能系统的互动方式，特别是在旅游行业中，这项技术在智能客服和问答系统中应用的工作原理主要包括几个方面。

　　用户输入与理解。用户通过各种渠道（如网站聊天窗口、社交媒体、移动应用等）向智能客服系统提出问题或请求。系统首先使用自然语言处理技术来理解这些输入。这包括分词、词性标注、句法解析和语义理解等步骤，以便准确识别用户意图和关键实体。

　　情感化的客户互动。为了提升用户体验，生成式人工智能不仅提供信息，还能够进行情感化互动。通过情感分析技术，系统可以识别用户情绪（如愤怒、困惑、满意等），并调整回应的语气。例如，当检测到用户感到沮丧时，系统会采用更为温暖和安慰的语言。这种情感化互动有助于建立更好的客户关系，提高用户满意度。

　　生成响应与个性化。在理解了用户的意图和情感之后，生成式人工智能会根据这些信息生成一个合适的响应。这个过程不仅包括检索相关信息，还涉及个性化推荐。系统会利用用户的历史数据和偏好，提供定制化的回答或建议。例如，在电商平台上，系统可以根据用户的购买记录推荐相关产品。

　　多轮对话管理。智能客服系统需要管理多轮对话，这意味着它必须记住之前的对话内容,并在后续对话中进行参考。生成式人工智能通过上下文管理技术来实现这一点,从而保证对话的连贯性和一致性。例如,如果用户在之前的对话中已经提供了订单号,系统在后续对话中就不需要再次询问。

数据分析与优化。用户的每一次互动都会生成大量的数据,这些数据对于系统的持续优化至关重要。通过数据分析,系统可以识别常见问题、用户行为模式以及潜在的服务改进点。模型将不断从这些数据中学习,优化生成式人工智能模型,以提供更准确和高效的服务。

用户反馈与迭代。用户反馈是系统改进的重要环节。如果用户对回答不满意,他们可以提供反馈,系统会记录这些反馈并用于模型的进一步训练和优化。生成式人工智能通过这种迭代学习,不断提升其回答的准确性和用户满意度。

三、产业案例

马蜂窝 AI 旅行助手用科技解锁未来"新奇旅"

2024 年 6 月 11 日,新加坡旅游局与马蜂窝在京举办战略合作发布会,双方在营销、数据、IP、产业等方面进一步深化合作。马蜂窝全新 AI 旅行助手于本次发布会首次亮相,新加坡旅游局将作为马蜂窝首个境外目的地 AI 伙伴,借助科技手段帮助更多游客高效、便捷地享受说走就走的狮城之旅。

1. AI 旅行助手可进行量身推荐

自 2024 年 2 月 9 日中国与新加坡互免签证政策正式实施以来,新加坡对中国游客的吸引力进一步提升,在马蜂窝 2024 年上半年节假日境外热门目的地榜单中一直高居前五。新加坡旅游局局长欧燕媚在致辞中说:"新旅局一直致力于通过科技和数据提升游客体验。我们期待和马蜂窝一起为大家提供高品质、个性化的产品和服务,让游客更深度地感受狮城魅力。"

"在旅行需求分层趋势日益显著的今天,一个好的 AI 应用,不仅要做到让行程规划变得更高效,还要做到更懂旅行者,根据不同场景需求进行'量身推荐'。"马蜂窝创始人、CEO 陈罡着重为来宾介绍了"AI 小蚂"(暂名)的核心亮点,并以新加坡目的地为例,对其多维应用场景进行了现场演示。

从"7 月份去新加坡三天如何安排""如何玩转樟宜机场"等行程问题,到现场来宾随机提问的"新加坡亲子酒店推荐""新加坡住宿避坑指南""游览夜间动物园的行程规划"……"AI 小蚂"对五花八门的问题一一精准作答,并可根据旅行者的不同特点给出个性化的贴心建议。

陈罡表示,马蜂窝海量的优质内容积累是保证 AI 回复质量的关键,"专业靠谱的官方攻略,社区用户多年来分享的游记、笔记、视频等,能够在源头上把控数据的准确性和真实性,为前端场景提供牢靠的数据基础"。

2. 探索新加坡旅行的更多可能性

马蜂窝攻略群用户洞察显示,继亲子玩乐、购物、动物园之后,文化艺术、特色美食、潮酷运动、网红打卡成为 2024 年游客赴新加坡关注与咨询最多的旅行关键词。

"马蜂窝与新加坡旅游局的战略合作也将围绕这些变化展开。"马蜂窝商业化营销负责人刘婷婷分享，AI 旅行助手将为新加坡设置专属标签并优化推荐内容，"未来 AI 方向的营销也将会是我们和目的地共同持续探索的重要方向"。

据悉，作为长期战略合作伙伴，新加坡旅游局与马蜂窝此前就曾通过"最好的暑假作业"等项目，成功让新加坡"亲子游胜地"形象深入人心，2023 年推出的三款"王嘉尔狮城线路"产品则锁定年轻客群需求。

本次深化合作，双方表示将以 AI 技术为引擎，共同探索新加坡旅行的更多可能性，推动新加坡成为中国人出境游的首选目的地。

（资料来源：https://www.sohu.com/a/785610494_119778）

项目七　虚拟数字人创建与应用

一、应用场景

在旅游行业中，虚拟数字人作为个性化导览服务的应用场景尤为引人注目。设想一位游客踏入一个历史悠久的古城，面对错综复杂的街巷和琳琅满目的文化遗迹，可能会感到既兴奋又迷茫。此时，一位虚拟数字人导游出现在游客的智能手机或智能眼镜上，以亲切而专业的形象迎接游客的到来。

这位虚拟导游不仅拥有详尽的古城知识库，包括每一条街巷的历史渊源、每一座古建筑的建筑风格与背后的故事，还能根据游客的兴趣和偏好进行智能推荐。比如，如果游客对古代军事防御体系感兴趣，虚拟导游就会引领他们前往古城墙，通过生动的动画和详尽的解说，让游客仿佛穿越时空，亲眼见证古代战争的硝烟与智慧。

在游览过程中，虚拟导游甚至还能与游客进行实时的互动问答。无论是关于当地风土人情的询问，还是对某个历史事件的深入探讨，虚拟导游都能迅速给出准确且有趣的回答，让游客的旅行更加丰富多彩。此外，虚拟导游还能根据游客的行走速度和体力状况，灵活调整导览节奏和路线，确保每位游客都能获得最佳的游览体验。

通过这种个性化的导览服务，虚拟数字人不仅为游客提供了便捷高效的旅游指南，还极大地提升了游客的参与感和满意度。它们以独特的魅力和智能化的服务，让旅游变得更加有趣和难忘。

二、工作原理

虚拟数字人以其独特的个性化导览服务，为游客带来了前所未有的体验。这一过程始于广泛而深入的数据收集，涵盖了景点的详尽信息、历史背景、游客偏好等多个维度。这些数据经过精细的清洗、整合与结构化处理，构建了一个庞大的知识库，为虚拟数字人提供了坚实的智力支撑。

在知识库的基础上，虚拟数字人运用先进的机器学习和深度学习算法，对游客的查询和请求进行智能分析。通过构建用户画像，系统能够准确捕捉游客的个性化需求，如兴趣偏好、旅游风格等。随后，基于这些信息和景点的知识图谱，虚拟数字人能够生成个性化的导览路线和解说内容，确保每位游客都能获得量身定制的游览体验。

在实时交互环节，虚拟数字人展现出了高度的灵活性和智能性。它支持语音、文字、图像等多种交互方式，能够根据游客的偏好和场景需求选择合适的交互形式。在游览过程中，游客可以随时向虚拟数字人提问或表达需求，而虚拟数字人则能迅速响应，提供准确的解答和贴心的建议。此外，虚拟数字人还具备情感识别能力，能够感知游客的情绪变化，并据此调整交互方式和内容，营造更加和谐、愉快的交流氛围。

为了确保服务的持续优化和进步，虚拟数字人系统还建立了完善的反馈机制。游客可以在使用过程中对虚拟数字人的表现进行评价和反馈，这些反馈数据将被用于后续的服务改进和优化工作。通过不断收集和分析游客的反馈意见，系统能够及时发现并解决存在的问题，提升服务的整体质量和满意度。

在技术支撑方面，虚拟数字人服务融合了多种前沿技术，包括计算机图形学、人机交互、计算机视觉、自然语言处理、机器学习、深度学习等。这些技术的深度融合和协同工作，为虚拟数字人提供了强大的技术支持和保障。同时，云计算和边缘计算的结合应用，确保了服务的稳定性和实时性，让游客在任何时间、任何地点都能享受到高质量的导览服务。

综上所述，虚拟数字人在旅游行业的个性化导览服务通过数据收集与知识库构建、智能推荐与个性化服务、实时交互与反馈机制以及技术支持与实现等多个环节的紧密配合和协同工作，为游客带来了便捷、高效且充满个性化的旅游体验。这一创新服务模式不仅提升了游客的满意度和忠诚度，也为旅游行业的智能化升级和可持续发展注入了新的动力。

三、产业案例

全国首个旅游景区 AI 导游"小丹"亮相

2023 年，全国首个旅游景区 AI 导游"小丹"正式上线。游客使用手机扫一扫小丹的身份识别二维码，即可领走专属度假助理，让游客享受全天候一对一贴身服务。

数字人 AI 导游小丹是由万达集团企业文化中心为贵州丹寨万达小镇量身打造。AI 导游"小丹"，作为旅游行业的创新之作，以其独特的魅力和强大的功能，为游客带来了前所未有的旅行体验。她依托于先进的大语言模型技术，实现了高度智能化的交互应答，无论是关于景点的详细介绍，还是关于旅行生活的琐碎问题，小丹都能迅速而准确地给出答案，让游客在旅途中感受到无微不至的关怀。

小丹的外观设计同样令人印象深刻。通过先进的数字人克隆技术，她几乎完美地还原了真人的形象与气质，无论是精致的五官、自然的表情，还是优雅的举止，都让人难以分辨其虚拟身份。这种高度还原的视觉效果，不仅增强了游客的沉浸感，也提升了整个旅行体验的品质感。

在服务功能上，小丹更是展现出了强大的个性化与智能化特点。她能够根据游客的兴趣和需求，量身定制旅行路线和推荐景点，让每一位游客都能享受到专属的旅行体验。同时，小丹还具备强大的知识库和学习能力，能够不断吸收新的信息和知识，以应对游客的各种提问和挑战。这种持续优化的服务机制，确保了小丹始终能够保持高效、准确、有趣的服务水平。

除了为游客提供个性化的旅行服务外，小丹还成为景区的重要流量入口和品牌推广大使。她通过网络传播迅速积累了大量粉丝和关注度，为景区带来了更多的曝光度和客流量。同时，小丹的成功应用也为传统导游行业带来了新的启示和挑战，推动了整个行业的转型升级和创新发展。

未来，随着人工智能技术的不断进步和普及，AI导游"小丹"有望在更多旅游景区得到应用和推广。她将继续以智能化、个性化的服务方式，为游客带来更加便捷、丰富和满意的旅行体验。同时，小丹也将成为旅游行业数字化转型的重要推手之一，助力中国旅游业实现更高质量的发展。

项目八　旅游数据分析与预测

一、应用场景

作为旅游行业的一名从业者，我们应该认识到旅游数据分析与预测对于制定业务策略、优化产品服务以及提升市场竞争力的重要性。在生成式人工智能的赋能下，旅游数据分析与预测的应用场景变得更加丰富和精准。

首先，通过生成式人工智能的深度学习能力，我们可以对庞大的旅游市场数据进行高效分析，识别出未来的旅游热点和新兴趋势。比如，结合社交媒体数据、搜索引擎查询记录和过往游客行为模式，我们可以预测哪些目的地将成为下一年度的热门旅游地，或者哪些类型的旅游体验（如生态旅游、文化沉浸游）将受到更多游客的青睐。这样的预测有助于旅游企业提前布局，开发相关旅游产品，满足市场需求。

其次，市场趋势预测还帮助我们更好地理解游客需求的变化。随着时代的发展和人们生活水平的提高，游客的旅行目的、消费观念和旅行方式都在不断演变。通过生成式人工智能的分析，我们可以洞察到这些细微但重要的变化，如游客对个性化服务的需求增加、对环保和可持续发展的关注提升等。基于这些预测，旅游企业可以调整产品策略，提供更加符合游客需求的定制化服务和绿色旅游产品，从而增强市场竞争力。

此外，市场趋势预测在风险管理方面也发挥着重要作用。旅游行业受到众多不可控因素的影响，如自然灾害、政治动荡、经济波动等。通过生成式人工智能的数据分析能力，我们可以对这些潜在风险进行预警和评估，制定相应的应对策略。例如，在预测到某个地区可能发生自然灾害时，旅游企业可以提前调整行程安排，避免游客受到影响；在经济不景气时期，企业可以灵活调整价格策略，吸引更多游客。

二、工作原理

生成式人工智能在旅游数据分析与预测中的工作原理是通过深度学习和模式识别技术，对海量旅游数据进行处理和分析，识别出数据中的潜在模式和关联性，并基于这些模式和关联性进行未来市场趋势的预测。同时，这些模型还能够生成可解释性的报告和建议，为旅游企业提供有力的决策支持。

首先，生成式人工智能在旅游数据分析与预测中的核心在于其强大的数据处理和模式识别能力。这些 AI 模型能够接收并处理海量的旅游相关数据，包括游客行为数据、市场趋势数据、社交媒体反馈、天气信息、政治经济动态等。这些数据被输入到模型中后，经过复杂的算法处理，模型能够识别出数据中的潜在模式和关联性。

接下来，生成式人工智能模型利用深度学习技术，特别是其中的神经网络结构，对数据进行非线性变换和特征提取。这些过程允许模型捕捉到数据中复杂的、非直观的关联和趋势，这是传统统计方法难以实现的。例如，模型可能发现特定季节、节假日与某些旅游目的地受欢迎程度之间的复杂关系，或者识别出社交媒体上特定话题讨论量的增加如何预示着一个新兴旅游趋势的兴起。

在模式识别和特征提取的基础上，生成式人工智能模型能够进一步进行预测分析。模型会根据历史数据和当前的市场动态，生成对未来旅游市场趋势的预测。这些预测可能包括游客数量的增减、旅游产品的受欢迎程度、价格走势等多个方面。预测的准确性取决于模型的训练质量、数据的丰富性和时效性，以及模型对复杂市场动态的适应能力。

最后，生成式人工智能在旅游数据分析与预测中的应用还体现在其能够生成可解释性的报告和建议。与传统的黑箱模型不同，现代生成式 AI 模型（如 GPT 系列）在设计时注重可解释性，能够为用户提供模型决策背后的逻辑和依据。这使得旅游企业不仅能够获得预测结果，还能够理解预测背后的原因和逻辑，从而更加准确地制定业务策略和决策。

三、产业案例

旅游 +Open AI 应用场景及解决方案

生成式人工智能在旅游数据分析中的应用正日益深化，其中一个显著案例便是携程通过 Azure OpenAI 实现的数据驱动转型。携程作为全球领先的在线旅游平台，其业务覆盖酒店预订、机票购买、景点门票等多个领域，积累了庞大的用户数据。为了更有效地利用这些数据，携程引入了 Azure OpenAI 的先进模型，如 GPT 系列，进行深度学习和分析。

在数据预处理阶段，携程利用 AI 技术清洗、整合了来自不同渠道的海量数据，确保了数据的质量和一致性。随后，这些数据被输入到 Azure OpenAI 的模型中，进行训练和优化。模型通过学习用户的历史行为、偏好以及市场趋势，逐步形成了对旅游市场的深入理解。

基于训练好的模型，携程能够实时进行旅游数据的深度分析。无论是用户行为预测、市场趋势洞察，还是个性化推荐服务，都得益于 AIGC 的强大能力。例如，通过分析用户的搜索历史和购买行为，携程能够为用户推荐更符合其兴趣和需求的旅游产品和服务。同时，AI 模型还能够预测旅游市场的未来走势，帮助携程提前调整业务策略，以应对市场变化。

此外，携程还利用 Azure OpenAI 的生成能力，优化了其客户服务体系。智能客服机器人能够准确理解用户的问题和需求，提供快速、准确的解答和建议。这不仅提升了用户体验，还减轻了人工客服的压力，提高了服务效率。

总的来说，携程通过引入 Azure OpenAI 进行旅游数据分析与优化，实现了业务的智能化升级。AIGC 技术在数据处理、分析、预测和个性化服务等方面发挥了关键作用，为携程带来了显著的业务增长和市场竞争优势。

 思考拓展

一、简答题

1. 生成式人工智能在个性化行程规划中如何收集和处理用户数据？

2. 生成式人工智能在导游词创作和虚拟讲解中的应用有哪些关键步骤？

3. 在旅游互联网营销中，生成式人工智能如何帮助企业提升用户体验和转化率？

4. 生成式人工智能在多语言支持和翻译中的应用如何帮助克服语言障碍？

5. 在旅游数据分析与预测中，生成式人工智能是如何利用大数据来识别市场趋势并做出预测的？请简要说明其工作流程。

二、案例分析题

假设你是一家旅游公司的营销经理，你计划利用生成式人工智能技术来提升公司的在线营销效果。你的目标是提高用户参与度、增强品牌忠诚度，并最终增加销售额。你了解到携程的"携程问道"大模型和马蜂窝的 AI 旅行助手都是行业内的成功应用案例。

1. 请描述携程"携程问道"大模型在旅游行业中的主要应用场景和工作原理。

2. 马蜂窝的 AI 旅行助手如何通过个性化推荐提升用户体验？

3. 结合携程和马蜂窝的案例，为你的旅游公司设计一个基于生成式 AI 的营销策略，并解释其可能带来的益处。

模块四　生成式人工智能的旅游应用实训

模块导入

在这个模块中，我们将深入探讨和实践生成式人工智能在旅游行业中的多种创新应用。生成式人工智能不仅改变了我们与技术互动的方式，也为旅游业带来了前所未有的机遇和挑战。通过本模块的学习，你将不仅能够了解这些前沿技术，还能亲自动手实践，掌握生成式人工智能在旅游行业中的实际操作技能。

首先，我们还将通过定制旅行方案编制实训，深入了解如何利用 AI 技术进行高效的行程设计和优化。接下来，我们将进入虚拟导游和互动体验领域，学习如何运用 AI 生成生动有趣的导游词和虚拟讲解内容，提升游客的参观体验。然后，我们会学习如何自动生成高质量的旅游内容，如文章、图片和视频，以更有效地进行市场推广和品牌建设。此外，我们将探索如何利用 AI 技术为海外游客提供精准的行程建议和多语言服务，增强其旅行体验。最后，我们将探讨数据分析与预测，通过对海量数据的分析，帮助旅游企业做出更明智的决策。从游客行为分析到市场趋势预测，我们将通过景区数据分析与预测实训，全面掌握生成式人工智能在旅游业务中的实际操作技能，提升企业的竞争力和市场响应能力。

通过本模块的学习，你将全面了解生成式人工智能在旅游行业中的多种应用场景，并通过一系列的实践任务，掌握如何将这些技术应用到实际工作中。无论你是旅游行业的从业者，还是对生成式人工智能感兴趣的学生，这个模块都将为你提供宝贵的知识和实用的技能。

 学习目标

1. 掌握使用 AI 工具设计并优化旅游行程的技能。
2. 掌握使用 AI 工具创作适合不同游客群体的导游词并转化为虚拟讲解语音的技能。
3. 掌握运用 AI 工具设计具有吸引力的旅游海报的技能。
4. 掌握使用 AI 工具生成旅游短视频内容的技能。
5. 掌握运用 AI 工具创作吸引游客的旅游软文的技能，提升品牌影响力。
6. 掌握使用 AI 工具辅助海外旅游领队完成行程规划、翻译和应急处理的技能。

7. 掌握运用 AI 工具设计和制作虚拟数字人的技能，用于旅游服务和互动体验。

8. 掌握运用 AI 工具进行旅游数据的收集、分析和预测的技能，为旅游决策提供支持。

项目一 定制旅行方案编制实训

一、实训目标

作为一名旅游定制师，你接到一项旅游定制任务，要求以南京为目的地，为一个亲子旅游的团队，设计一次 2 天 1 晚的旅游产品。请你通过与 AIGC 生成式人工智能模型的交互，进行定制旅行方案的初步编制。

二、实训工具

ChatGPT3.5 或 ChatGPT4o 等 AIGC 生成式人工智能模型。

三、实训步骤

（一）关键词设定

在首次与 AIGC 生成式人工智能模型互动之前，请重点关注团型、时间、地点以及吃住行游购娱等旅游基础要素。

团型：亲子旅游团队

地点：南京

时间：2 天 1 晚

饮食：餐饮推荐

住宿：酒店安排

交通：交通安排

游玩：旅游景区或旅游目的地

购物：购物产品推荐

娱乐：休闲娱乐项目

（二）方案生成

输入：假如你是一名旅游定制师，请为亲子旅游的团队，设计一次 2 天 1 晚的南京旅游产品。需要包括餐饮推荐、酒店安排、交通安排、旅游景区或旅游目的地、购物产品推荐、休闲娱乐项目等内容。

输出：好的，以下是为亲子旅游团队设计的南京 2 天 1 晚旅游行程，涵盖餐饮推荐、酒店安排、交通安排、旅游景区或旅游目的地、购物产品推荐及休闲娱乐项目（表 4-1）。

表 4-1　ChatGPT 定制方案

第一天：抵达南京
上午：
抵达南京禄口国际机场或南京火车站 专车接送至酒店办理入住手续 酒店安排：南京金陵饭店（五星级）：位于市中心，设施齐全，适合家庭入住。提供儿童乐园和游泳池
中午：
餐饮推荐：南京大排档（提供多种南京传统菜肴，环境也非常有特色，适合家庭用餐）
下午：
旅游景区 1：南京博物院（参观丰富的历史和文化展览，特别适合孩子们的互动展区） 旅游景区 2：明孝陵（了解明朝历史，同时享受自然风光）
晚上：
餐饮推荐：夫子庙秦淮河风味街（品尝地道的南京美食，如鸭血粉丝汤、小笼包等） 休闲娱乐项目：秦淮河画舫夜游（乘坐画舫游船，欣赏秦淮河两岸的美丽夜景）
第二天：南京市区游览
上午：
旅游景区 3：中山陵（参观孙中山先生的陵墓，了解中国近代史，同时享受陵园美丽景色） 旅游景区 4：南京海底世界（适合孩子们的海洋生物展示馆，有丰富的互动体验项目）
中午：
餐饮推荐：狮子桥美食街（可以品尝到各种南京小吃，如桂花糕、糖芋苗等）
下午：
旅游景区 5：南京玄武湖（乘坐游船游览湖景，或者在湖边散步，享受亲子时光） 购物产品推荐：南京特产店（可以购买盐水鸭、云锦、雨花石等南京特产作为纪念品）
傍晚：
返回市区，自由活动或购物。根据团队的航班或火车时间安排送机或送站服务
交通安排
全程提供专车服务，方便团队出行。市内景点之间的交通可以安排商务车或小巴士
休闲娱乐项目
每晚安排一项休闲娱乐活动，如夜游秦淮河、玄武湖夜景散步等。酒店内提供的游泳池和儿童乐园也是不错的选择
温馨提示
请提前告知团队成员准备好舒适的步行鞋和防晒用品。注意保管好个人财物，尤其是在繁忙的景点和购物区

（三）方案优化

在完成基础行程之后，我们可以从特色化活动、交通的便捷程度、旅行费用预算等角度对定制行程进行细化与优化。

特色化活动优化。定制师在 ChatGPT 平台输入"请针对以上行程，增加适合儿童的特色化活动"。生成式人工智能模型会在之前的行程中增加相关的特色化活动建议（表4-2）。

表4-2　ChatGPT特色化活动优化方案

旅游景区1：南京博物院
新增活动：博物院探险游戏。为孩子们设计一个博物院探险游戏，通过寻找特定展品完成任务，从而更好地了解历史文化
旅游景区2：明孝陵
新增活动：儿童历史角色扮演。提供一些简单的历史服装和道具，让孩子们进行角色扮演，增强他们对历史的兴趣
旅游景区3：中山陵
新增活动：儿童绘画课。在中山陵附近安排一个短暂的儿童绘画课，让孩子们通过绘画的方式表达他们对历史和自然的理解
旅游景区4：南京海底世界
新增活动：海底世界探险。为孩子们设计一个小小探险活动，通过寻找特定的海洋生物完成任务，增强他们的探索兴趣
旅游景区5：南京玄武湖
新增活动：亲子钓鱼比赛。在玄武湖安排一个亲子钓鱼比赛，让孩子们体验钓鱼的乐趣并培养耐心

　　交通方式推荐。定制师在ChatGPT平台输入"请详细介绍一下行程安排中，各个旅游目的地之间的公共交通方式安排"。生成式人工智能模型会在之前的行程中增加相关的交通方式的推荐（表4-3）。

表4-3　ChatGPT交通方式推荐方案

第一天：抵达南京
上午：
机场到市区： 地铁：乘坐地铁S1线到南京南站，然后换乘地铁1号线到新街口站，步行约10分钟到达南京金陵饭店 机场大巴：有多条线路到市区，可以选择到新街口站下车，步行约10分钟到达酒店 火车站到市区： 地铁：从南京火车站乘坐地铁1号线到新街口站，步行约10分钟到达南京金陵饭店 专车接送至酒店办理入住手续
中午：
餐饮推荐：南京大排档 交通方式：从酒店出发，步行约10分钟即可到达南京大排档
下午：
旅游景区1：南京博物院 交通方式：从新街口站乘坐地铁2号线到明故宫站，步行约10分钟到达南京博物院 旅游景区2：明孝陵 交通方式：从南京博物院步行至中山门站，乘坐地铁2号线到苜蓿园站，步行约15分钟到达明孝陵
晚上：
餐饮推荐：夫子庙—秦淮河风味街 交通方式：从苜蓿园站乘坐地铁3号线到夫子庙站，步行约5分钟到达夫子庙秦淮河风味街

交通方式：夫子庙—秦淮河风味街步行即可到达秦淮河码头，参加画舫夜游活动 返回酒店 交通方式：从夫子庙站乘坐地铁 3 号线到大行宫站，换乘地铁 2 号线到新街口站，步行约 10 分钟返回南京金陵饭店
第二天：南京市区游览
上午：
旅游景区 3：中山陵 交通方式：从新街口站乘坐地铁 2 号线到苜蓿园站，换乘专线公交车游 2 路（中山陵方向），直达中山陵 旅游景区 4：南京海底世界 交通方式：从中山陵乘坐专线公交车游 2 路（苜蓿园方向）到达苜蓿园站，步行约 10 分钟到达南京海底世界
中午：
餐饮推荐：狮子桥美食街 交通方式：从南京海底世界步行至苜蓿园站，乘坐地铁 2 号线到鼓楼站，步行约 10 分钟到达狮子桥美食街
下午：
旅游景区 5：南京玄武湖 交通方式：从狮子桥美食街步行至鼓楼站，乘坐地铁 1 号线到玄武湖站，步行约 5 分钟到达玄武湖 交通方式：从玄武湖站乘坐地铁 1 号线到新街口站，步行约 10 分钟到达南京市中心的特产店
傍晚：
返回市区，自由活动或购物 交通方式：根据团队的航班或火车时间安排送机或送站服务 机场：从新街口站乘坐地铁 1 号线到南京南站，换乘地铁 S1 线到达禄口国际机场 火车站：从新街口站乘坐地铁 1 号线到南京火车站

旅游预算规划。定制师在 ChatGPT 平台输入"假如面对的是来自上海的游客，请详细计算一下行程安排中的预算，行程中儿童活动的预算请按市场价格大致估算，加入整体预算中"。生成式人工智能模型会在之前的行程中增加旅游预算规划（表 4-4）。

表 4-4　ChatGPT 旅游预算规划

第一天：抵达南京
上午：
1. 抵达南京禄口国际机场或南京火车站 高铁票（上海—南京）：约 150 元 / 人（单程） 假设一家三口（两大一小）：450 元（单程） 2. 专车接送至酒店办理入住手续 预算：约 200 元 3. 酒店安排：南京金陵饭店（五星级） 房费：约 1000 元 / 晚（家庭房）
中午：
餐饮推荐：南京大排档 预算：约 200 元（家庭用餐）
下午：

续表

1. 南京博物院 门票：免费 博物院探险游戏 预算：50 元（用于购买小奖品或探险道具） 2. 明孝陵 门票：70 元 / 人，35 元 / 儿童 三口之家：175 元 儿童历史角色扮演 预算：100 元（租借简单的历史服装和道具）
晚上： 餐饮推荐：夫子庙—秦淮河风味街 预算：约 200 元（家庭用餐） 秦淮河画舫夜游 门票：80 元 / 人，40 元 / 儿童 三口之家：200 元 儿童灯谜会 预算：50 元（小奖品或灯谜道具）
<div align="center">第二天：南京市区游览</div>
上午： 1. 中山陵 门票：免费 儿童绘画课 预算：50 元（绘画材料，如纸张、颜料等） 2. 南京海底世界 门票：160 元 / 人，80 元 / 儿童 三口之家：400 元 海底世界探险 预算：50 元（小奖品或探险道具）
中午： 餐饮推荐：狮子桥美食街 预算：约 150 元（家庭用餐）
下午： 玄武湖 门票：免费 亲子钓鱼比赛 预算：50 元（钓鱼工具租赁或小奖品） 购物产品推荐：南京特产店 预算：300 元（购买盐水鸭、云锦、雨花石等南京特产）
傍晚： 返回市区，自由活动或购物 专车送机或送站：200 元
<div align="center">合计</div>
1. 高铁票（往返）：450 元 ×2＝900 元 2. 专车接送：200 元＋200 元＝400 元 3. 酒店住宿：1000 元 4. 餐饮费用：200 元（南京大排档）+200 元（夫子庙—秦淮河风味街）+150 元（狮子桥美食街）=550 元 5. 景点门票及娱乐项目：175 元（明孝陵）+200 元（秦淮河画舫夜游）+400 元（南京海底世界）=775 元 6. 购物预算：300 元 7. 儿童活动预算：50 元（博物院探险游戏）+100 元（明孝陵历史角色扮演）+50 元（灯谜会）＋50 元（中山陵绘画课）＋50 元（海底世界探险）＋50 元（玄武湖钓鱼比赛）＝350 元 总计预算：900 元（高铁）＋400 元（专车接送）＋1000 元（酒店）＋550 元（餐饮）＋775 元（景点）＋300 元（购物）＋350 元（儿童活动）＝4275 元

四、实训小结

定制旅行方案编制是旅行社计调师、定制旅行设计师的核心工作内容，这一过程通常涉及对客户需求的深入了解、目的地的全面研究、行程安排的细致规划以及各类资源的协调与整合。在 ChatGPT 等生成式人工智能模型的帮助之下，可以极大地提升工作的效率和精确度。通过自然语言处理技术，AI 能够快速理解客户的偏好和需求，并在海量数据中迅速筛选出最匹配的旅游资源和信息。此外，AI 还可以自动生成详细的行程计划、推荐最佳的旅游路线、提供实时的天气、交通与价格信息，并且能够随时根据客户的反馈进行调整和优化，从而为客户提供更加个性化和高质量的旅行体验。借助这些先进的技术手段，旅行社不仅能够节省大量的人力和时间成本，还能显著提高客户满意度和忠诚度。

五、实训作业

作为一名旅游定制师，你接到一项旅游定制任务，要求以苏州、无锡、常州三地为目的地，为一个老年旅游的团队，设计一次 4 天 3 晚的旅游产品。请你通过与 AIGC 生成式人工智能模型的交互，进行定制旅行方案的初步编制。此外，需要确定定制旅行方案中的旅游景区或旅游目的地、购物产品推荐、休闲娱乐项目、餐饮酒店安排、交通安排等内容。

项目二　导游词与虚拟讲解设计实训

一、实训目标

作为一名导游，要求你针对亲子团、研学团、海外旅游团、商务团等不同团型，进行相关景点导游词的设计，并应用 AI 配音软件将其转化为虚拟讲解语音，应用于旅游产品开发之中。

二、实训工具

ChatGPT3.5 或 ChatGPT4o 等 AIGC 生成式人工智能模型；TTSMaker 等在线配音工具。

三、实训步骤

（一）关键词设定

在首次与 AIGC 生成式人工智能模型互动之前，请重点关注团型、景点、偏好、讲解时长等基础要素。

团型：亲子旅游团队

景点：南京中华门城堡

偏好：趣味生动

讲解时长：5分钟

（二）导游词生成

输入：假如你是一名导游，你需要面向亲子旅游团队，创作一篇南京中华门城堡的导游词，讲解时间大约为5分钟。请给我一篇你编写的导游词。注意要求采用趣味生动的讲解方式进行讲解。

亲子旅游团队导游词生成

各位小朋友、家长们，大家好！欢迎来到南京中华门城堡，我是你们今天的导游，小张。今天我们要一起探访这座有着悠久历史和许多神秘故事的古老城堡。准备好了吗？让我们一同开启这段奇妙的时光之旅吧！

首先，我们来了解一下中华门城堡的名字和历史。中华门原名叫"聚宝门"，听起来是不是很像一个装满宝藏的地方？其实，它确实是明朝时期南京城的重要防御工事，建于1366—1387年，也就是说它已经有600多年的历史了！当时，这里可是守卫南京城的重要关卡，堪称"天下第一大城门"呢。

现在，我们走进城堡，看看这里有哪些有趣的地方。大家看到城门上那高高的城墙了吗？中华门的城墙高度达到了21米，而且城门有三道，每道门之间都有一个宽敞的瓮城，像一个个巨大的口袋，敌人一旦冲进来，就会被困在里面，进退两难。这种设计真是妙不可言，对不对？

接下来，我们来到城堡内部。小朋友们，你们知道吗？在这里曾经藏有许多秘密的兵器库和粮仓，供士兵们作战时使用。传说这些兵器库里还藏有不少宝物呢！当然，现在我们看不到这些宝物了，但可以想象当时的场景，一定非常壮观。

再往前走，我们会看到一座高高的城楼，这就是中华门的主楼。登上城楼，大家可以俯瞰整个南京城的美景。小朋友们，你们知道吗？古时候的士兵们就是站在这里，时刻警惕地观察敌人的动向，保卫着我们的城市。现在，我们也可以站在这里，感受一下古代士兵们的英勇和智慧。

最后，我们来到城堡的出口处。这里有一块大石碑，上面刻着"中华门"三个大字，这是对中华民族精神的象征。小朋友们，通过今天的游览，我们不仅了解了中华门城堡的历史，还感受到了古代人民的智慧和勇气。希望大家在以后的生活中，也能像他们一样，勇敢面对困难，保护我们的家园。

好了，今天的讲解就到这里，希望大家喜欢这次中华门之旅。如果还有什么问题，随时可以问我。谢谢大家的聆听，祝大家玩得开心！

（三）讲解方式优化

导游讲解是一门艺术。导游员应使用生动的形容词、比喻和拟人化等修辞手法，使讲解内容更具画面感；通过讲故事的方式，将历史事件、人物传记等融入讲解中，让内容更有趣。在讲解的过程中，可以适当提问，引发游客思考和参与，并及时回答游客的问题，保持良好的互动氛围；也可以在合适的时机加入一些幽默元素，活跃气氛，让讲解更轻松愉快。

输入：假如你是一名导游，请你针对亲子旅游团，用讲故事的方式，创作一篇南京中华门城堡的导游词，增加这段导游词的生动性，讲解中要体现出幽默感，讲解时间大约为5分钟。

亲子旅游团队导游词优化

亲爱的小朋友们、大朋友们，大家好！我是你们今天的导游小张。今天我们要一起去探险南京中华门城堡，这可是一个充满历史故事和神秘传说的地方哦！大家准备好了吗？让我们一起出发吧！

首先，我们来到了中华门的入口。小朋友们，你们知道吗？中华门原来叫"聚宝门"，传说这里埋着一个神奇的"聚宝盆"，可以吸引天下的宝物和财富。想象一下，如果我们今天也能找到那个"聚宝盆"，那可就发大财了！不过，后来为了显得更庄重和威严，它改名为"中华门"。所以，今天我们不仅是在找宝藏，还在探索历史呢！

现在，我们走进中华门城堡，看看这里有什么有趣的东西。大家看到那高高的城墙了吗？哇，真是太壮观了！这座城墙足足有21米高，就像巨人的手臂一样保护着城堡。小朋友们，你们知道吗？这些城墙其实是古代的"超级防护盾"，敌人想攻进来，可没那么容易哦！而且，城门有三道，每道门之间都有一个宽敞的瓮城。这些瓮城就像一个个大口袋，敌人一旦冲进来，就会被困住，出不去啦！是不是很聪明的设计呢？

接下来，我们进入城堡内部。这里曾经是兵器库和粮仓的所在地，供士兵们作战时使用。小朋友们，你们有没有玩过寻宝游戏？在这里，古代的士兵们可是真正的"藏宝高手"哦！他们把兵器和粮食藏得严严实实，以备不时之需。虽然现在我们看不到这些宝物，但可以想象当时的场景，一定非常热闹和繁忙。说到这里，我突然想到，如果这些兵器库里真的有宝藏，那我们今天岂不是要成为"小小寻宝猎人"了吗？

再往前走，我们来到了一座高高的城楼。这就是中华门的主楼。小朋友们，快跟我一起爬上去吧！登上城楼，我们可以俯瞰整个南京城的美景。古时候的士兵就是站在这里，时刻警惕地观察敌人的动向，保卫着我们的城市。站在这里，我们不仅能感受到古代士兵的英勇和智慧，还能领略到中华文化中对家园和国家的深厚情感。想象一下，如果你是古代的守城小英雄，站在这高高的城楼上，手握小木剑，眼神如鹰，等待敌人的到来，是不是感觉自己瞬间变成了动画片里的大英雄？

最后，我们来到城堡的出口处。这里有一块大石碑，上面刻着"中华门"三个大字，这是对中华民族精神的象征。通过今天的游览，我们不仅了解了中华门城堡的历史，还感受到了古代人民的智慧和勇气。说到这里，我突然想到，如果这块石碑会说话，它会不会吐槽："哎呀，天天有人摸我，搞得我都快磨平了！"

好了，今天的讲解就到这里，希望大家喜欢这次中华门之旅。如果还有什么问题，可以随时问我。谢谢大家的聆听，祝大家玩得开心，找到属于自己的"小宝藏"哦！

（四）团型调整

导游应该根据不同团型的游客，有针对性地编写与讲解导游词。请分别针对政务考察团、老年旅游团、外国留学生旅游团等团型优化我们的导游讲解词。

输入：假如你是一名导游，你需要面向法国留学生进行讲解，请创作一篇南京中华门城堡的导游词，与法国著名的古堡进行类比，弘扬中华优秀传统文化，讲解时间大约为5分钟（图4-1）。

法国留学生团队导游词生成

各位同学，大家好！欢迎来到南京中华门城堡，我是你们今天的导游小张。今天我们将一起探访这座具有悠久历史和丰富文化底蕴的古老城堡。准备好了吗？让我们一同开启这段奇妙的时光之旅吧！

首先，我们来了解一下中华门城堡的名字和历史。中华门原名叫"聚宝门"，建于1366—1387年，是明朝时期南京城的重要防御工事。它已经有600多年的历史了，被誉为"天下第一大城门"。在中国，城墙和城门不仅是物理上的防御工事，更是文化和历史的象征。如果你们熟悉法国的古堡，可能会想到卢瓦尔河谷的香波堡（Château de Chambord）。香波堡以其华丽的建筑风格和精美的装饰闻名，而中华门则以其坚固的防御结构和巧妙的设计著称。两者虽然在功能和设计上有所不同，但都代表了各自国家的历史文化精髓。

现在，我们走进中华门城堡，看看这里有哪些有趣的地方。大家看到城门上那高高的城墙了吗？中华门的城墙高度达到了21米，而且城门有三道，每道门之间都有一个宽敞的瓮城，这种设计就像是一个个巨大的口袋，敌人一旦冲进来，就会被困在里面，进退两难。这种设计在中西方城堡建筑中都有类似的巧妙之处，但中华门的瓮城设计尤为独特和精妙。相比之下，香波堡的设计更注重居住的舒适性和观赏性，它拥有宏伟的双螺旋楼梯和大量的装饰性塔楼。而中华门则更侧重于防御功能，体现了中国古代战争中的智慧和策略。

接下来，我们来到城堡内部。在这里曾经藏有许多秘密的兵器库和粮仓，供士兵们作战时使用。传说这些兵器库里还藏有不少宝物呢！虽然现在我们看不到这些宝物，但可以想象当时的场景，一定非常壮观。与香波堡内的奢华装饰和艺术品不同，中华门内部的设计更加实用和简朴，反映了中国古代人民的务实精神。

再往前走，我们会看到一座高高的城楼，这就是中华门的主楼。登上城楼，大家可以俯瞰整个南京城的美景。古时候的士兵们就是站在这里，时刻警惕地观察敌人的动向，保卫着我们的城市。站在这里，我们不仅能感受到古代士兵们的英勇和智慧，还能领略到中华文化中对家园和国家的深厚情感。

最后，我们来到城堡的出口处。这里有一块大石碑，上面刻着"中华门"三个大字，这是对中华民族精神的象征。通过今天的游览，我们不仅了解了中华门城堡的历史，还感受到了古代人民的智慧和勇气。在中法两国文化的对比中，我们更加体会到中华传统文化的独特魅力和深厚底蕴。

好了，今天的讲解就到这里，希望大家喜欢这次中华门之旅。如果还有什么问题，可以随时问我。谢谢大家的聆听，祝大家玩得开心！

图 4-1　法国留学生团队导游词二维码

（资料来源：https://me-qr.com/）

（五）虚拟讲解

利用文字转语音（TTS）软件制作虚拟导游讲解，首先选择合适的平台（如TTSMaker、Amazon Polly 等），然后输入准备好的讲解文本（图 4-2）。接着，根据需

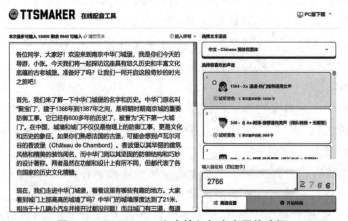

图 4-2　TTSMaker 文本输入与声音风格选择

要选择不同的语音风格和声音类型，并调整语速和语调以达到最佳效果。生成满意的语音后，将其导出为音频文件。最后通过二维码等形式集成到你的虚拟导游系统中，如手机 App、智能导览器或网站，为游客提供生动有趣的导游讲解。

四、实训小结

　　生成式人工智能在导游词与虚拟讲解设计中的应用展现出巨大的潜力。首先，生成式人工智能可以根据团队类型、景点特色、游客偏好和讲解时长，快速生成个性化的导游词，确保内容的吸引力和教育性。其次，通过运用形象的语言和修辞技巧，AI 能够使讲解内容更加生动有趣，从而提升游客的参与感和满意度。此外，生成式人工智能还可以结合 TTS 技术，将文字转化为语音，实现生动的虚拟讲解，并通过二维码等技术手段集成到旅游产品中，增强科技感和现代感。总体而言，生成式人工智能不仅提高了导游词创作和虚拟讲解设计的效率和质量，还为导游词创作提供了新的思路和工具。然而，我们也需要思考如何平衡技术应用与人文关怀，确保导游词和讲解内容既具科技感又富有人情味，以带给游客更加丰富和深入的旅游体验。

五、实训作业

　　作为一名导游，你即将接待参加 2 天 1 晚的南京红色之旅的香港中学生研学旅游团，要求你为即将来访的研学旅游团创作个性化、特色化的导游词，并通过二维码的形式编印在研学手册之上。请你合理选择旅游资源，并应用生成式人工智能模型与 TTSMaker 等在线配音工具，完成本次实训任务。

项目三　旅游海报设计实训

一、实训目标

　　身为一名旅游营销人员，你接到了一项旅游海报设计任务，要求为南京玄武湖景区设计一张旅游宣传海报。请你借助与生成式人工智能模型的交互，来开展旅游宣传海报的定制化设计。

二、实训工具

　　Midjourney、Stable Diffusion 等生成式人工智能模型，豆包、文心一言等大语言文本模型，图怪兽、可画等在线海报设计网站。

三、实训步骤

（一）生成旅游海报图片

打开 Midjourney 中文站后，选取"MJ 绘画"选项，接着点击"MJ6.1（细节纹理）"，随后上传一张自己拍摄的玄武湖照片（图 4-3）。

图 4-3　上传图片

依据实际需要选定"图片相似度"的数值。其中，iw 值越高，所上传的图像对最终效果图的影响也就越大。在此处选择"iw2 相似度 90%"（图 4-4）。

图 4-4　设置 iw 值

在"生成尺寸"中选择"9∶16宣传海报"这一选项（图4-5）。

"高级参数"里的"质量化"，意味着利用更长的时间进行处理，从而生成更高质量且具有更多细节的图像。其数值越大，出图的质量就越高。这里将"质量化"的数值选定为90（图4-6）。

接着对即将生成的海报图片进行画面关键词的描述，以便系统依据这些关键词描述来自动生成图片。

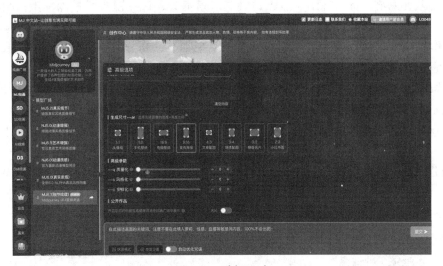

图4-5　选择尺寸

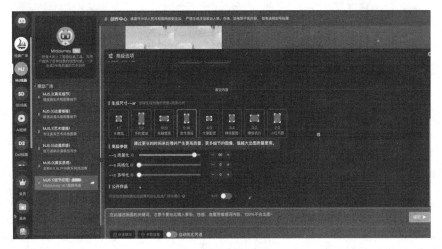

图4-6　选择画质

Midjourney 的关键词万能公式是：主体描述＋环境场景＋艺术风格＋媒介材料＋摄像机视角＋精度定义。其中：

- 主体描述：一句话告诉 AI 你要描述的画面，修饰词＋主体＋场景＋动作等；
- 环境场景：描述想要的主体所处的环境、光线、氛围、色系等；
- 艺术风格：设计风格、艺术家名字、漫画影视作品、艺术网站等；
- 媒介材料：油画、水彩、摄影、手稿、雕塑、陶瓷、布料、黏土、石头等；
- 摄像机视角：特写视图、两点透视、广角镜头、长焦镜头、景深、正视图、全身照等；
- 作品精度定义：高品质、超级细节、复杂细节、高分辨率、HD、2K、4K、尺寸比例等；
- 如果是 3D 渲染：再加上 3D 软件＋渲染器＋材质＋光照＋逼真等渲染风格等。

在本次任务里，要生成一张玄武湖的宣传海报图片。依照设计意图进行图片关键词描述，比如，对于主体的描述为：蓝天白云下的玄武湖，城墙，紫峰大厦，荷花，湖面有游船。

倘若对玄武湖的环境场景信息不知该如何进行描述，可以借助豆包网来生成文字描述信息。在豆包网站上输入：描述一下玄武湖的环境光线氛围色系（图 4-7）。

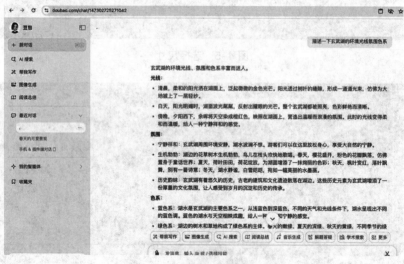

图 4-7　豆包网站输出结果

依据 Midjourney 关键词的万能公式，最终确定玄武湖宣传海报图片的关键词描述信息为：蓝天白云下的玄武湖，城墙，紫峰大厦，荷花，湖面有游船，柔和的阳光洒在玄武湖上面，氛围宁静且生机勃勃，色系有蓝、绿及多彩花卉之色，自然风格，摄影，长焦镜头，高分辨率。随后点击"提交"按钮（图 4-8）。

图 4-8　提交

系统会自动生成四幅有关玄武湖的图片（图 4-9）。

图 4-9　系统生成图片

如果对四幅图片中的某一幅比较中意，可以继续选择这幅图片进行更多相似风格图片的生成。例如，对生成的玄武湖图片中的第四幅图片感到满意，可点击"变化"中的"V4"（图 4-10）。

图 4-10　选择生成相似图片操作

　　系统会依据第四幅图片，生成与之类似的另外四幅图片，以供用户进行选择（图4-11）。

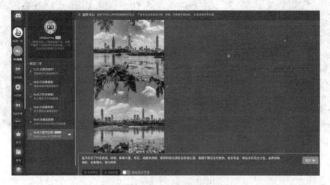

图 4-11　生成相似图片

　　若想对其中的第四幅图片进行进一步修改，可以选择"编辑"里的"U4"（图4-12）。

图 4-12　进一步修改

　　如果想在这幅图片中增添城墙的画面，可以选择"调整"里的"局部描绘"（图4-13）。

图 4-13　调整局部画面

在想要添加城墙的位置进行涂抹，并添加重绘描述信息为"增加古城墙建筑画面"，之后点击"完成"按钮（图4-14）。

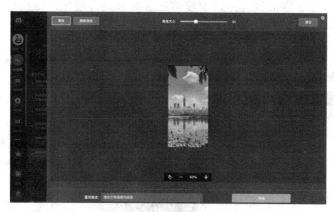

图4-14　完成添加

生成的四幅图中的第三幅图片最为符合所需的设计风格，点击"查看"中的"C3"，然后保存并下载该图片即可（图4-15、图4-16）。

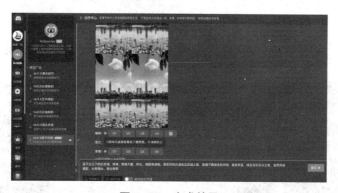

图4-15　生成效果

图4-16　查看效果

（二）旅游海报文字排版

以"图怪兽"在线海报设计网站为示例，对生成的玄武湖图片海报进行文字排版设计。在"图怪兽"在线海报设计网站中搜索旅游海报设计模板，寻找到符合设计风格的模板后点击进入，接着上传先前生成的玄武湖图片（图4-17）。

图4-17　上传图片

将背景图进行替换，之后根据自身需求自行设计海报版面（图4-18）。

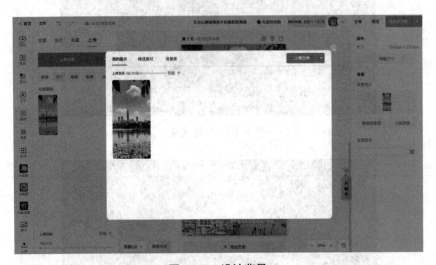

图4-18　设计背景

把海报版面上的文字修改成"南京玄武湖，金陵的诗与远方"。接着对文字、图片等的位置进行调整，便能生成最终的玄武湖旅游海报（图4-19）。

图 4-19　调整文字

四、实训小结

生成式人工智能在旅游海报设计方面的应用日益广泛，为这一领域带来了革命性的变革。AI 系统能够分析用户输入的关键词或描述，智能匹配数据库中的图片、文字、图标等元素，进行自动化组合。生成式人工智能能够创造独特的设计元素，如艺术字体、抽象图形等，为旅游海报增添创意和新鲜感。生成式人工智能能够根据用户的个性化需求，提供一对一的设计服务。无论是色彩偏好、风格选择还是特定元素的添加，AI 都能根据用户的指令进行精准设计和调整。

五、实训作业

作为一名旅游营销人员，你接到一项旅游海报设计任务，要求为钟山风景名胜区设计一张旅游宣传海报。此海报需要巧妙地融合该区域内的明孝陵、美龄宫、音乐台、中山陵等标志性景点。现在请你通过与生成式人工智能模型进行交互，来完成该旅游宣传海报的定制化设计。

项目四　旅游短视频内容生成实训

一、实训目标

作为一名旅游营销人员，在当前数字化营销的大背景下，需时常在自媒体账号上发布旅游短视频以吸引用户观看。现要求你制作一条关于南京中山陵的旅游短视频，可应用 AIGC 生成式人工智能工具来协助你完成此项工作。

二、实训工具

Midjourney、即梦 AI 等生成式人工智能模型；豆包、文心一言等大语言文本模型。

三、实训步骤

借助豆包、文心一言等大语言文本模型，还有 Midjourney、即梦 AI 等生成式人工智能模型，来实现从文本或图片生成南京中山陵的视频画面的过程。

（一）描述词设定

在豆包网站上输入：帮我写一个在 AI 模型中生成 5 秒钟的南京中山陵视频的提示词。

图 4-20　豆包网站输出

从画面内容、摄影角度、媒介材料、作品精度、色彩以及氛围等方面提炼出用于生成中山陵视频的关键词如下：中山陵全景，墓道庄重延伸，有行人走动，俯瞰展现恢宏气势，航拍飞过，摄影，高分辨率，蓝天白云交相辉映，庄严肃穆。

（二）文本生成视频

打开 Midjourney 中文站，点击"AI 视频"，选择"文生视频"，将以上南京中山陵的视频画面关键词描述信息内容"中山陵全景，墓道庄重延伸，有行人走动，俯瞰展现恢宏气势，航拍飞过，摄影，高分辨率，蓝天白云交相辉映，庄严肃穆"，复制粘贴到文本框，点击"立即生成"。

发现生成的视频画面内容与现实中的中山陵存在差异，可能是系统无法识别并调取真实的中山陵场景。鉴于此，可以尝试向 AI 系统上传真实的中山陵图片画面信息作为参考，利用"图生视频"功能来生成中山陵的视频画面（图 4–21）。

图 4–21　文本生成视频效果

（三）图片生成视频

打开 Midjourney 中文站，点击"AI 视频"选项，接着选择"图生视频"，上传一张自己拍摄的中山陵照片，然后对视频场景进行画面关键词信息描述，最后点击"立即生成"（图 4–22）。

图 4–22　图片生成视频

输出的视频展现的是真实的中山陵场景，然而该视频画面较为单调。为提升视频画面的丰富程度，可以再次上传景别、角度、光线、色彩等不同的中山陵照片至系统，用作视频结束帧画面，同时对视频场景进行画面关键词信息描述，然后点击"立即生成"（图 4-23）。

图 4-23　用于视频结束帧的照片，再次生成视频

此时，生成的南京中山陵视频画面在景别、构图、角度、光线、色彩以及场景等方面显得更为丰富了。

四、实训小结

生成式人工智能在旅游短视频生成方面的应用和前景非常广阔。生成式人工智能利用深度学习算法模型，能够显著缩短视频制作周期，提高创作效率。生成式人工智能还可以根据不同游客的偏好和需求，生成个性化的旅游短视频。此外，旅游营销人员可以利用生成式人工智能生成的短视频在社交媒体上进行营销推广。这些视频内容生动、直观，能够吸引更多潜在游客的关注和兴趣。除了现有的内容创作、个性化推荐和营销推广等应用场景外，生成式人工智能在旅游短视频生成方面还将拓展出更多新的应用场景，如在旅游教育、虚拟现实旅游等领域，AI 将发挥更大的作用。

五、实训作业

作为一名旅游营销人员，你接到一项旅游景区宣传任务，此次的目的地为夫子庙—秦淮风光带，要求制作一条旅游短视频。请你借助与生成式人工智能模型的交互，来完成相关旅游短视频的制作。

项目五　旅游软文营销实训

一、实训目标

　　培养学生利用人工智能技术进行旅游软文写作的技能，使学生通过学习能够熟练运用 AI 工具，掌握旅游软文写作的关键要素，包括景点特色提炼、情感化表达、吸引游客的营销策略等，并能根据不同旅游目的地和目标受众，使用 AI 生成具有感染力和促销效果的旅游软文，同时具备对 AI 初稿进行精准修改和优化的能力。通过实践不断提升学生的创意思维、市场洞察力和团队协作精神，确保在创作过程中遵循旅游行业规范和法律法规，最终使学生能够独立高效地完成旅游软文写作，为旅游业提供高质量的宣传内容。

二、实训工具

　　文心一言、Kimi、智谱清言等生成式人工智能文案写作大模型。

三、实训步骤

（一）了解软文写作要点

　　撰写软文首先需要了解应该从哪些方面或哪些关键要素入手，可通过与生成式人工智能模型进行初步交流。

　　输入：一篇好的软文应该从哪几个方面入手。

了解软文写作要点

　　输出：撰写一篇好的软文，关键在于平衡内容的信息价值、吸引力和推广目的，使读者在不知不觉中接受并认可你所传递的信息或产品。以下是从几个方面入手撰写好软文的关键要素。

　　1. 明确目标受众

　　了解你的读者是谁，他们的兴趣、需求、痛点及阅读习惯；

　　针对目标受众定制语言风格、话题选择和表达方式。

　　2. 选题与标题

　　选题要新颖、有吸引力，能够引起目标受众的共鸣或好奇心；

　　标题是文章的"门面"，应简洁明了、引人入胜，最好包含关键词或亮点，让人一眼就想点击阅读。

3. 内容质量

内容需有价值，提供有用的信息、解决方案、观点或娱乐内容；

逻辑清晰，结构合理，段落分明，易于阅读和理解；

使用故事化、案例分析、数据支持等方法增强说服力。

4. 自然融入推广信息

避免直接硬广，而是通过解决问题、分享经验等方式自然地引入产品或服务；

强调产品或服务的独特优势、用户受益点，但保持客观中立的态度；

可以在文末或适当位置设置软性推广语段，如"如果您也遇到类似问题，不妨试试 ×× 产品 / 服务"。

5. 优化 SEO

在文章中合理使用关键词，提高搜索引擎排名，但要避免过度堆砌；

添加合适的标签、分类和内部链接，增强文章的可发现性和关联性；

鼓励读者分享、评论，提高文章的互动性和传播力。

6. 视觉呈现

图文并茂，适当插入与内容相关的图片、图表或视频，提升阅读体验；

图片需高质量、有版权，且与内容紧密相关；

注意排版美观，避免文字堆砌，适当留白增加呼吸感。

7. 测试与反馈

发布前进行预览测试，检查是否有错别字、语法错误或排版问题；

发布后关注读者反馈，根据反馈及时调整优化文章内容或推广策略。

8. 合规性

确保软文内容真实可信，不夸大其词或误导读者；

遵守相关法律法规和平台规则，避免违规推广或虚假宣传。

综上所述，一篇好的软文需要从目标受众、选题与标题、内容质量、自然融入推广信息、SEO 优化、视觉呈现、测试与反馈以及合规性等多个方面综合考虑和入手。

（二）了解旅游软文写作要点

旅游软文写作与一般的软文写作在本质上是有共同之处的，都是通过内容营销来推广产品或服务，增加品牌曝光度，提高用户认知度和参与度。但是，它们在具体的写作手法、内容侧重点和目标受众上有所不同。

输入：如果我想写一篇关于南京夫子庙的软文营销方案，应该从哪几个方面着手。

了解旅游软文写作要点

输出：撰写一篇关于南京夫子庙的软文营销方案，你可以从以下几个方面着手。

1. 市场分析与目标受众定位

分析南京夫子庙作为著名历史文化景点的市场潜力，包括其独特的文化魅力、游客群体特征（如年龄、兴趣、消费能力等）；

明确目标受众，比如文化爱好者、家庭游客、学生团体等，并针对不同受众制定差异化的营销策略。

2. 文化故事挖掘

深入研究南京夫子庙的历史背景、文化内涵和传说故事，将其融入软文中，使文章富有深度和吸引力；

通过讲述历史故事、名人逸事或现代变迁，展现夫子庙的独特魅力，激发读者的兴趣和好奇心。

3. 特色体验推荐

介绍夫子庙周边的特色景点、美食、手工艺品等，为读者提供一份详尽的游玩指南；

强调夫子庙的独特体验，如夜游秦淮河、品尝地道小吃、参观古建筑等，让读者感受到身临其境的愉悦。

4. 情感共鸣与场景营造

利用文字描绘夫子庙的美丽景色和浓厚文化氛围，营造一种温馨、怀旧或浪漫的情感氛围；

通过讲述个人或他人的真实经历，激发读者的情感共鸣，使其对夫子庙产生更深的情感连接。

5. 优惠活动与促销信息

适时地插入夫子庙或其周边商家的优惠活动、折扣信息或特别体验套餐，引导读者采取行动；

注意保持信息的真实性和时效性，避免给读者留下不良印象。

6. SEO 优化与多渠道传播

在软文中合理使用关键词和标签，提高文章在搜索引擎中的排名；

利用社交媒体、旅游平台、博客网站等多种渠道进行传播，扩大文章的影响力和覆盖面；

鼓励读者分享和评论，增加文章的互动性和传播力。

7. 合作与联动

与夫子庙景区管理方、周边商家或旅游机构建立合作关系，共同推广夫子庙的旅游资源和品牌形象；

通过联合举办活动、推出联名产品等方式，提升夫子庙的整体吸引力和市场竞争力。

8. 效果评估与调整

发布后密切关注文章的阅读量、转发量、评论量等数据指标，评估营销效果；

根据反馈和数据分析结果，及时调整优化营销策略和内容形式，以提升营销效果和用户满意度。

通过以上几个方面的着手，你可以撰写出一篇既具有文化内涵又充满吸引力的南京夫子庙软文营销方案。

（三）引入真实案例

了解创作一篇软文的基本要点以及撰写一篇具体景区的旅游软文的要点后，便可以继续输入语句进行软文的写作。

输入：请给一篇示例。

真实案例展示

输出：南京夫子庙：穿越千年的文化之旅，等你来探索。

在这个快节奏的时代，偶尔放慢脚步，走进一段悠久的历史，让心灵得到一次深刻的洗礼，无疑是一种难得的享受。南京，这座承载着六朝古都辉煌与沧桑的城市，有一处地方，能让你瞬间穿越回那个文风鼎盛的年代——南京夫子庙。

1. 探寻千年文脉的起点

南京夫子庙，不仅是一座祭祀孔子的庙宇，更是中国古代文化的重要象征。走进这座古老的建筑群，仿佛能听见千年前的琅琅读书声，感受到那份对知识的渴望与追求。这里的每一砖一瓦，都透露着浓厚的历史气息，让人不由自主地沉醉其中。

2. 漫步秦淮河畔，品味古典之美

提到夫子庙，怎能不提秦淮河？夜幕降临，华灯初上，秦淮河两岸灯火辉煌，映照着波光粼粼的水面，美不胜收。你可以选择乘坐一艘古色古香的画舫，悠悠地游弋在秦淮河上，一边品茗赏景，一边聆听船上传来的江南丝竹之音，感受那份独属于江南水乡的温婉与柔情。

3. 美食天堂，舌尖上的夫子庙

来到夫子庙，怎能不品尝一番地道的南京小吃？从鸭血粉丝汤到金陵汤包，从赤豆元宵到鸡鸣汤包，每一样都是对传统美味的传承与创新。在这里，你可以大快朵颐，让味蕾在美食的海洋中尽情遨游。

4. 特色手工艺品，带回家的文化记忆

夫子庙周边，还汇聚了许多手工艺品店。无论是精美的雨花石饰品，还是传统的云锦织品，都能让人感受到中国传统文化的博大精深。挑选一两件心仪的手工艺品带回家，不仅是对这次旅行的美好纪念，更是对传统文化的一种传承与尊重。

5. 优惠活动，让旅行更加实惠

为了吸引更多游客前来体验，夫子庙景区经常会推出各种优惠活动。比如，在特定时间段内购票可享受折扣优惠；或者参与景区内的互动游戏，赢取精美礼品等。关注景区官方信息，提前规划行程，让你的夫子庙之旅更加实惠、难忘。

结语

南京夫子庙，不仅仅是一个旅游景点，它更是一段跨越千年的文化之旅。在这里，你可以感受到古代文人的风雅与才情，可以品味到地道的南京美食，可以触摸到传统文化的温度。来吧，让我们一起走进南京夫子庙，开启一场穿越时空的文化探索之旅！

（四）优化软文内容

从前面的旅游软文营销的要点中得知，要想更好地获得大众认同，和读者建立情感共鸣是一个不错的选择，所以，我们可以继续优化软文，增加与读者的情感联系。

输入：请再增加一些内容，和读者建立情感共鸣。

软文内容优化后展示

输出：南京夫子庙：穿越千年的文化之约，与你共赴心灵盛宴。

在这个喧嚣的世界里，我们总在寻找一片能让心灵栖息的净土。南京，这座古韵悠长的城市，用它独有的方式，轻轻地唤醒了我们对传统文化的向往。而南京夫子庙，便是那扇通往历史深处，与古人心灵对话的神秘之门。

1. 梦回千年，与先贤同游

想象一下，你身着古装，踏着青石板路，缓缓步入夫子庙。那一刻，仿佛穿越了时空的界限，与那些在历史长河中熠熠生辉的先贤们并肩而行。孔子、孟子……他们的思想、智慧，在这里汇聚成一股强大的力量，引导着你探寻知识的海洋，感受文化的魅力。这样的体验，怎能不让人心生向往，热血沸腾？

2. 秦淮河畔的温柔夜色，与你共享

当夜幕降临，秦淮河畔的灯光渐次亮起，整个夫子庙区域被染上了一层梦幻的色彩。河水悠悠，月光皎洁，你与心爱的人手牵手漫步河畔，耳边是轻柔的江南小调，眼前是如画般的景致。这一刻，时间仿佛凝固，所有的烦恼与忧愁都随风而去，只留下彼此的陪伴和这份难得的宁静与美好。

3. 美食与故事的交织，唤醒你的味蕾与情感

在南京夫子庙，每一道小吃背后都藏着一个动人的故事。比如那热气腾腾的鸭血粉丝汤，它不仅仅是一道美味佳肴，更是南京人对家乡味道的深深眷恋。当你品尝着这碗汤时，仿佛能听到街头巷尾的叫卖声，感受到那份淳朴而真挚的乡情。这样的美食体验，怎能不让人心生感动，与这座城市产生更深的情感联系？

4. 手工艺品中的匠心独运，触动你的心灵

在夫子庙周边的手工艺品店里，每一件作品都是匠人用心血和汗水浇灌而成的。它

们或许并不华丽，但透露出一种质朴而真挚的美。当你轻轻触摸这些手工艺品时，仿佛能感受到匠人的温度与情感。这些作品不仅仅是物质的存在，更是文化的传承与精神的寄托。它们让你更加珍惜眼前的美好时光，更加感激那些默默付出的人们。

5. 优惠活动，让这趟文化之旅更加贴心

为了让更多的游客能够亲身体验到南京夫子庙的魅力，景区经常会推出各种优惠活动。这些活动不仅让旅行变得更加实惠和便捷，更让每一位游客都能感受到景区的温暖与关怀。在这样的氛围下，你与夫子庙之间的情感联系也会变得更加紧密和深厚。

结语

南京夫子庙，不仅仅是一个旅游景点那么简单。它是一个承载着千年文脉、汇聚着无数故事与情感的地方。在这里，你可以与历史对话、与文化共鸣、与美食相伴、与手工艺人交流……更重要的是，你可以找到一片属于自己的心灵净土，让心灵得到真正的放松与滋养。来吧，朋友们！让我们一同走进南京夫子庙这个充满魅力的文化殿堂吧！在这里留下你的足迹与回忆，让这段文化之旅成为你人生中最宝贵的财富之一！

（五）优化软文形式

软文写作要点中提到，图文并茂，适当插入与内容相关的图片、图表或视频，能够提升读者的阅读体验。

输入：请增加图片内容。

软文形式优化后展示

输出：南京夫子庙：穿越千年的文化之约，与你共赴心灵盛宴。

在这个喧嚣的世界里，我们总在寻找一片能让心灵栖息的净土。南京，这座古韵悠长的城市，用它独有的方式，轻轻地唤醒了我们对传统文化的向往。而南京夫子庙，便是那扇通往历史深处，与古人心灵对话的神秘之门。

【视觉盛宴：图说夫子庙】

1. 古韵今风，一眼千年

（图片说明：夫子庙全景图，青砖黛瓦，古木参天，仿佛一幅流动的历史画卷。）

站在夫子庙前，一眼望去，那错落有致的古建筑群，仿佛在诉说着千年的故事。青砖黛瓦，飞檐翘角，每一处细节都透露着古代工匠的精湛技艺和深厚文化底蕴。

2. 秦淮河畔，夜色温柔

（图片说明：秦淮河夜景，灯火阑珊，游船如织，美不胜收。）

当夜幕降临，秦淮河畔的灯光逐一亮起，整个区域被柔和的灯光笼罩，显得格外温馨而浪漫。河面上，游船缓缓驶过，留下一道道涟漪和欢声笑语。两岸的店铺灯火通明，各种小吃、手工艺品琳琅满目，让人目不暇接。

3. 美食诱惑，味蕾盛宴

（图片说明：夫子庙小吃街，热气腾腾的鸭血粉丝汤、金黄酥脆的蟹壳黄等美食诱人食欲。）

来到夫子庙，怎能不品尝一番地道的南京小吃？从热气腾腾的鸭血粉丝汤到金黄酥脆的蟹壳黄，每一样都是对传统美味的传承与创新。看着这些诱人的美食，你的味蕾是否已经蠢蠢欲动了呢？

4. 匠心独运，手工艺品

（图片说明：夫子庙手工艺品店，精美的雨花石饰品、云锦织品等展示着匠人的精湛技艺。）

在夫子庙周边的手工艺品店里，每一件作品都是匠人用心血和汗水浇灌而成的。它们或许并不华丽，但透露出一种质朴而真挚的美。看着这些精美的手工艺品，你是否也想亲手触摸一下，感受那份来自匠人的温度与情感呢？

【结语】

南京夫子庙，不仅是一个旅游景点那么简单。它是一个承载着千年文脉、汇聚着无数故事与情感的地方。在这里，你可以与历史对话、与文化共鸣、与美食相伴、与手工艺人交流……更重要的是，你可以找到一片属于自己的心灵净土，让心灵得到真正的放松与滋养。通过这些图片和文字的描绘，你是否已经迫不及待地想要亲自走进南京夫子庙这个充满魅力的文化殿堂了呢？那就让我们一同踏上这场穿越千年的文化之旅吧！

虽然文中并未给出相应的图片，但是在可能需要展示图片的位置做出了标记，并给出了图片的文字说明以便创作者参考。

（六）根据特定平台风格输出

软文发布的不同平台有各自独特的风格，小红书作为国内领先的种草平台，汇聚了众多用户分享的优质内容。它不仅是一个发现好物的宝地，更是软文创作者展示才华的舞台。为了更好地融入这个平台，我们可以对软文进行一些调整，使其更加贴合小红书的风格。

输入：将其风格改为小红书风格。

特定平台风格输出展示

输出：当然可以，让我们把这段文案调整成小红书的风格。

● #南京夫子庙 #穿越千年 #文化之旅

☀ 在这个快节奏的生活中，我们总是在寻找那个能让心灵得到休憩的地方。南京，这座古色古香的城市，用它独特的魅力，唤醒了我们对传统文化的向往。今天，就让我带你走进南京夫子庙，开启一段心灵对话的神秘之旅吧！

📷 【视觉盛宴：图说夫子庙】

1. 🏛 古韵今风，一眼千年

   ○ 👀 站在夫子庙前，仿佛穿越了时空，每一砖一瓦都在讲述着千年的故事。青砖黛瓦，古木参天，这里就是一幅流动的历史画卷。

2. 🏮 秦淮河畔，夜色温柔

   ○ 🌃 夜幕降临，秦淮河畔的灯光亮起，整个区域变得温馨而浪漫。游船在河面划过，两岸的小吃和手工艺品让人目不暇接。

3. 🍜 美食诱惑，味蕾盛宴

   ○ 🍲 鸭血粉丝汤、蟹壳黄... 每一样都是南京的传统美味。看着这些热气腾腾的美食，你的味蕾是不是已经迫不及待了呢？

4. 🧶 匠心独运，手工艺品

   ○ 🎨 精美的雨花石饰品、云锦织品... 每一件作品都透露出匠人的精湛技艺和真挚情感。触摸它们，感受那份来自匠人的温度。

📖 【结语】

南京夫子庙，不仅仅是一个旅游景点，它是一个充满故事和情感的地方。在这里，你可以与历史对话，与文化共鸣，与美食相伴，与手工艺人交流。更重要的是，你可以找到属于自己的心灵净土。🍃

❤ 让我们一同踏上这场穿越千年的文化之旅，感受南京夫子庙的独特魅力吧！#心灵之旅 #文化探索

除此之外，一些工具还可以直接生成小红书文案，如 Kimi 的小红书爆款生成器，感兴趣的同学可自行访问并使用。

四、实训小结

经过本项目实训课程的深入学习和实践操作，能够让学生掌握使用人工智能进行旅游软文写作的技能，学生不仅能够熟练操作 AI 写作工具，还能准确把握旅游软文的写作要点，有效地将景点特色、情感化元素和营销策略融入文章之中，创作出具有高度吸引力和促销效果的旅游软文。在实训过程中，能够激发学生们的创新思维、市场洞察力和团队协作能力，同时对 AI 生成的内容进行了精准的修改和优化，确保了文章的专业性和合规性。总体来看，本项目实训能够让学生具备独立高效完成旅游软文写作的能力，激励他们在未来的工作中继续精进，创作出更多优秀的旅游软文。

五、实训作业

南京中山陵是中国近代伟大的民主革命先行者孙中山先生的陵墓，位于江苏省南京市东郊的紫金山南麓，是国家 5A 级旅游景区，也是首批全国重点文物保护单位。本次实训任务将围绕南京中山陵这一著名景区，要求学生利用 AI 工具进行旅游软文的创作与营销，任务具体内容如下。

学习回顾：读者需回顾并总结在实训中学到的软文写作要点和旅游软文写作要点。

实训任务布置：

a. 编写一篇《南京中山陵旅游指南》的软文初稿，利用 AI 工具辅助创作，确保内容包含中山陵的历史背景、景点特色、游客评价等；

b. 根据《南京中山陵旅游指南》初稿，进行首轮优化，提升文章的吸引力，包括改进标题、调整文章结构、增强情感表达等，完成《南京中山陵旅游软文优化稿》；

c. 在首轮优化的基础上，进行进一步优化，融入最新的旅游资讯、活动预告、优惠信息等，以增强文章的营销力和时效性，形成《南京中山陵旅游软文深度优化稿》。

任务提交要求：提交《南京中山陵旅游指南》初稿、《南京中山陵旅游软文优化稿》和《南京中山陵旅游软文深度优化稿》三份文档。所有文档应以电子版形式提交，格式为 Word 或 PDF。每位学生需准备 5 分钟的汇报，阐述自己的创作思路、优化策略以及实训过程中的体会。

项目六　海外领队助手应用实训

一、实训目标

作为一名海外领队，你需要带领一个 30 人的中国游客团队前往意大利旅游，你需要针对罗马安排旅行线路，并完成酒店与餐厅的预订工作，在旅途中需要协助游客完成翻译，并处理相关应急事件。请你应用生成式人工智能工具协助你完成以上的工作。

二、实训工具

Copilot2trip 等生成式人工智能模型，百度翻译等人工智能翻译软件。

三、实训步骤

（一）行程定制

当海外领队为游客定制海外旅游线路时，需要考虑游客的兴趣、预算、时间安排以及目的地的特色。面对这样的应用场景你可以选择使用之前介绍的通用型生成式人工智能模型，但如果需要更为专业的国际旅游服务支持，你可以选择应用 Copilot2trip 等生成式人工智能模型。

输入：作为一名海外旅游领队，我希望能为 30 人的中国旅游团定制一次 2 日的罗马之旅，因为团队成员多为艺术院校的师生，所以行程中需要包含一些艺术展馆的参访活动（图 4-24）。

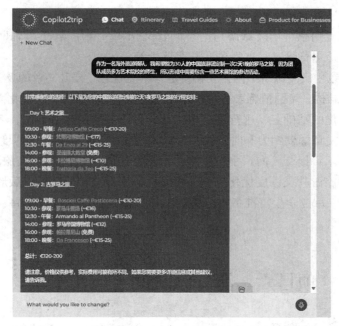

图 4-24　中国旅游团 2 天 1 夜罗马之旅的行程安排

（资料来源：https://www.wdtrip.com/duoduo/）

（二）旅游产品的推荐与预订

作为海外领队，在为游客定制海外旅游线路之后，需要了解游客的兴趣和需求，然后为主要景点预订门票，安排合适的住宿与餐饮。在预订过程中，Copilot2trip 等生成式人工智能模型可以调用 Booking 等在线预订系统或联系当地票务代理，并及时向游客提供行程和票务信息。我们以酒店预订为例进行展示，餐饮与景点的推荐与预订与此方式类似。

输入：请在本次旅行中安排合适的酒店，要求是具有意大利复古风格的酒店，预算在每间 1000 元左右，并介绍一下这些酒店的优点。

（三）讲解词创作

作为海外领队，创作讲解词是一项重要的工作，它不仅能够丰富游客的旅行体验，还能增进游客对目的地文化、历史和自然景观的了解。同时，游客可能会随时进行提问，也需要领队进行解答。

输入：请为参观古罗马斗兽场的中国游客，写一段讲解词，并介绍古罗马斗兽场的参观注意事项（图 4-25 至图 4-28）。

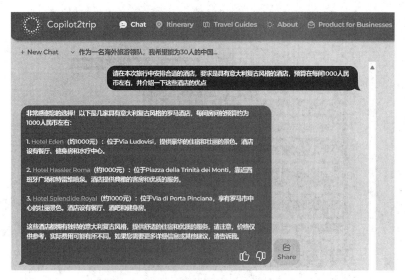

图 4-25　中国旅游团罗马之旅的酒店推荐

图 4-26　中国旅游团罗马之旅的酒店推荐结果

图 4-27　通过点击酒店链接来访问官方网站或预订

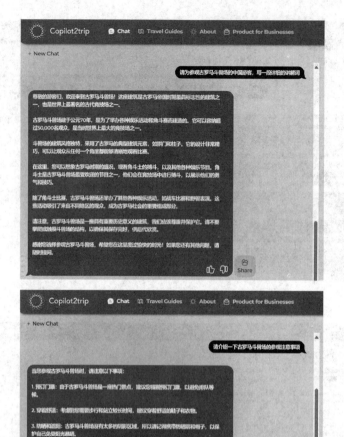

图 4-28　古罗马斗兽场讲解词创作与注意事项介绍

（四）实时互动与翻译

作为一名海外领队，在工作过程中时常要求你与外国旅游从业者保持互动，这需要你经常进行模拟对话的训练。在遇到陌生的外文环境时，要求你迅速地为旅游者进行翻译与讲解服务。

首先，你可以使用百度翻译等人工智能翻译软件进行模拟对话，并通过咨询获得海外旅游的实用信息。

其次，当你带领一群游客参观一个历史悠久的欧洲城市。他们来到了一个著名的博物馆，里面有许多展品和介绍都是用当地语言书写的。游客中有几位不懂当地语言，导游需要迅速提供翻译和解释。这时候，你可以使用百度翻译等人工智能翻译软件的拍照翻译功能来协助你（图 4-29 至图 4-31）。

图 4-29 百度翻译 AI 对话

图 4-30 百度拍照翻译功能（英语—中文）

（五）应急情况处理

作为海外领队，处理紧急情况是一项至关重要的职责。在遇到突发状况时，首先需要保持冷静，迅速评估情况并立即采取行动。这可能包括提供急救、联系当地紧急服务或通知团队成员。在处理过程中，安抚游客、提供必要的支持和后续跟进是必不可少的，以确保他们的安全和舒适。与当地旅游管理部门、旅行社和保险公司等保持良好沟通，可以确保在需要时迅速协调资源。Copilot2trip 等生成式人工智能模型可以为你提供有效的信息与咨询。

输入：如果我团队中有一名游客在罗马生病了，我该如何处理？能否提供医疗援助的电话？如果我团队中有一名游客在罗马丢失了护照，我该如何处理？能否提供中国大使馆的援助的电话（图 4-32）。

图 4-31 百度拍照翻译功能（意大利语—中文）

四、实训小结

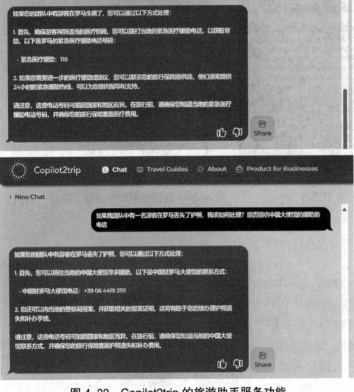

图 4-32 Copilot2trip 的旅游助手服务功能

在本次海外领队助手应用实训项目中，我们深入探索了生成式人工智能在旅游行业的应用潜力。通过模拟带领一个 30 人的中国游客团队前往意大利，实训涵盖了行程定制、旅游产品预订、讲解词创作、实时互动翻译以及应急情况处理等关键环节。生成式人工智能工具的使用显著提升了工作效率，同时通过个性化服务、教育与娱乐的结合，以及技术与人文的融合，极大地丰富了游客的旅游体验。展望未来，我们期待生成式人工智能技术在旅游行业的更广泛应用，不仅能够提供更加定制化的服务，还能跨越语言障碍，提升应急响应能力。我们将持续探索如何更好地结合技术与人文关怀，以实现更加全面和深入的旅游服务，确保游客在享受科技带来的便利的同时，也能体验到富有人情味的旅游服务。

五、实训作业

作为一名海外领队，你即将接待一个前往法国的旅游团，团队将在巴黎、里昂等城市进行为期 6 天的旅行，要求你为即将出访的中国旅游团安排旅游线路，为旅游团预订好交通、酒店与景点，并推荐有特色的餐饮与活动项目。你需要针对旅途中的著名景点进行导游讲解，同时考虑到旅行中的一些突发事件，并做好应对预案。请你应用 Copilot2trip 等生成式人工智能模型，百度翻译等人工智能翻译软件，协助你完成本次实训任务。

项目七 虚拟数字人制作实训

一、实训目标

本次实训聚焦于生成式人工智能技术在旅游领域的创新应用，特别强调虚拟数字人制作的精准设计与高效呈现。学生将深入学习如何为虚拟数字人定制丰富多样的播报内容，这些内容需紧密贴合旅游行业特色，涵盖景区介绍、文化解说等多个方面。通过精准提炼文字信息、融入生动的故事叙述与情感表达，虚拟数字人将能够以更加自然、流畅且富有吸引力的方式，向游客传递旅游信息，提升旅游体验。

实训过程中，学生将掌握运用 AI 技术优化播报内容的技巧，如智能语音合成技术实现个性化语音风格，自然语言处理技术确保播报内容的准确性和流畅性。同时，学生还需考虑虚拟数字人的形象与播报内容的匹配度，确保视觉与听觉的双重享受，为游客营造沉浸式的旅游氛围。

最终，学生将能够独立完成一个高质量的虚拟数字人播报项目，不仅展现其在技术层面的娴熟应用，更体现出对旅游文化传播的深刻理解与独到见解。这样的实训经历将为学生未来在智慧旅游、文化传播等领域的职业发展铺设坚实的道路。

二、实训工具

腾讯智影等生成视频工具。腾讯智影是一款云端智能视频创作工具，集素材搜集、视频剪辑、渲染导出和发布于一体的免费在线剪辑平台。强大的 AI 智能工具，支持文本配音、数字人播报、自动字幕识别、文章转视频、去水印、视频解说、横转竖等功能，拥有丰富的素材库，能够极大提升创作效率，帮助用户更好地进行视频化的表达。

三、实训步骤

（一）主要界面

首先，打开腾讯智影的首页，网址是 https://zenvideo.qq.com，我们发现腾讯智影的首页有很多关于视频制作的功能选项，如数字人播报、数字人直播、视频解说等，我们选择数字人播报来进行本项目内容的实训（图4-33）。

图 4-33　腾讯智影首页

打开数字人播报页面，我们可以观察到，左边是功能页，可以根据制作的需求，选择不同的功能；中间部分是预览，可以看到制作过程中的数字人效果；最右边是数字人播报的内容（图 4-34）。

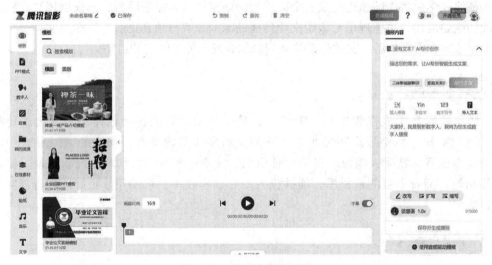

图 4-34　数字人播报页面

想要快速上手进行虚拟数字人制作，自然是直接选择页面给的模板，然后进行模板的修改。点击其中一个模板，我们发现页面的中间区域已经可以预览该模板，通过下方的播放按钮可以直接看数字人效果（图 4-35）。

图 4-35 选择的模板展示

（二）按模板制作数字人

要想修改模板，直接点击画面的素材即可。例如，鼠标点击画面中的数字人，在右侧便会出现对数字人调整的选项，可以对数字人进行编辑，也可以对画面进行基础调整，非常便捷（图 4-36）。

图 4-36 调整人像

想要继续对数字人后面的播报内容进行更改，就需要拖拽下方的进度条指针，然后点击需要修改的区域。例如，选择当前页面里的，某一块区域的文本，便可以对该区域的文本内容、字体、颜色、背景等各要素进行修改（图 4-37）。

图 4-37　调整内容

值得一提的是，数字人播报的文本内容也可以有多种生成方式，如果没有文本，可以直接通过 AI 帮您智能生成文案，创作文章；也可以通过导入文本的形式从文件中选择文本；还可以通过改写、扩写和缩写等形式来进行文本的修改。基本能够满足日常的内容生成需求（图 4-38）。

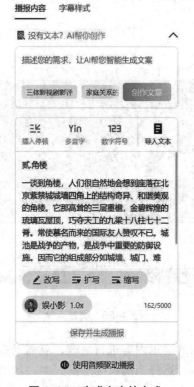

图 4-38　生成文本的方式

和其他视频编辑软件类似，腾讯智影也在页面的下方提供了分轨操作，只需要点击"展开轨道"便能进行查看和编辑（图4-39）。

图 4-39 展开轨道界面

（三）个性化数字人制作

到上一步为止，基本就已经可以生成一个数字人视频了，但是上述步骤是在模板的页面里完成的，样式比较统一，接下来还有其他的一些操作，能够辅助用户完成更加个性化的数字人制作。

单击左边导航条，选择"PPT模式"，我们发现可以非常方便地对数字人播报的页面进行调整，类似于操作PPT，对其进行前后顺序的调整、增加页面、删除页面等（图4-40）。

图 4-40 "PPT 模式"展示

通过左边的导航条，数字人的风格也可以选择，可以根据自己的喜好或者播报的内容来进行设定，以达到更好的数字人视频的最终生成效果（图4-41）。

图4-41　数字人形象设置

通过左边的导航条，还可以更换背景、添加在线素材以及更换音乐来达到个性化数字人播报效果的呈现，这里就不一一演示了，方法和上面基本一致，可自行修改。

除此之外，虚拟数字人的语言风格，也是可以进行个性化更改的。选定某一段文字的内容，通过右下方的"朗读此文本"按键，便可以根据自己需要选择不同的音色，同时还可以通过"读速"滚动条调节播报的语速（图4-42、图4-43）。

图4-42　"朗读此文本"按键

（四）数字人效果呈现

虚拟数字人所有内容都设置完毕后，便可以通过右上方的"合成视频"按钮，并设置好相应的参数，就可以完成虚拟数字人制作了（图4-44、图4-45）。

图 4-43 更换音色及读速界面

图 4-44 合成视频

图 4-45 参数的设置

四、实训小结

本次实训，我们探索了虚拟数字人制作的基本操作，从技术的掌握与创新到创意与内容的深度融合，再到整个实训项目管理的实践，每一步都充满了挑战与收获。我们见证了技术的力量如何赋予虚拟形象生命，使其在旅游播报中展现出独特魅力。同时，实训也让我们意识到持续学习与创新的重要性，以及对未来旅游智能化趋势的深刻洞察。我们相信，随着技术的不断进步，虚拟数字人将在旅游行业中扮演更加重要的角色，为游客带来更加丰富多彩的旅游体验。

五、实训作业

本次实训作业旨在通过实际操作，使学生掌握生成式人工智能在虚拟数字人制作中的技术应用，并设计制作出符合旅游行业需求的虚拟播报员。作业内容涵盖内容创作、技术实现、测试优化及报告撰写等多个环节，旨在全面锻炼学生的技术能力、创意策划及团队协作能力。

需求分析：选定某一景区，需深入分析该景区对虚拟数字人的实际需求，明确其播报内容。同时，设计出具有特色的虚拟数字人形象，包括性别、风格及服饰等元素的确定。

技术实现：熟练掌握数字虚拟人制作软件生成内容。

内容创作：结合旅游特色，学生需编写生动有趣的播报文案，并通过虚拟数字人进行录制。在录制过程中，需调整数字人呈现的细节，以确保播报效果符合预期。

测试优化：对虚拟数字人的播报效果进行全面测试，包括语音清晰度、表情自然度及动作流畅度等方面。根据测试结果进行针对性优化，以提升虚拟数字人的整体表现。

任务提交：提交实训报告，内容应详尽记录实训过程、成果展示、遇到的问题及解决方案等。报告中需包含虚拟数字人的设计说明、技术实现细节、播报内容示例及测试优化过程，以展示学生的综合能力及实训成果。

项目八　旅游数据分析与预测实训

一、实训目标

旅游数据对于从业者而言至关重要，它不仅能帮助我们准确把握市场动态，合理调整产品结构，还能有效预测旅游趋势，提前布局市场。通过分析旅游数据，我们可以了解游客需求，优化服务体验，提高客户满意度，从而提升企业竞争力。此外，旅游数据还能为政府制定旅游政策、规划旅游资源提供有力支持，促进旅游行业的可持续发展。

试着通过给定的数据，看看通过这些数据能够得到哪些结论，能够给旅游市场哪些指导性的意见和建议。

二、实训工具

智谱清言等生成式人工智能数据分析及其预测模型；数据来源于中华人民共和国文化和旅游部官网[①]。

三、实训步骤

（一）无经验式分析

对于大多数第一次分析数据的人来说，或许完全不知道应该从哪些方面去分析这些数据，所以我们可以先从这条简单的语句开始。

输入：根据这个表里的数据，能分析出什么结论，必要时请用图表的形式展示，并上传附件。

无经验式分析结果展示

输出：表格中包含了 2022 年度和 2023 年度各个地区的旅行社数量数据。为了分析这些数据，我们可以进行以下步骤。

a. 计算每个地区两年间旅行社数量的变化；

b. 计算全国两年间旅行社数量的总变化；

c. 确定旅行社数量增长最多的地区和减少最多的地区；

d. 可视化这些数据，以便更直观地理解变化。

我将首先计算每个地区的旅行社数量变化，并找出增长最多和减少最多的地区，接着，我会创建一个图表来展示这些变化。以下是对数据的分析结果：

a. 全国范围内，2023 年度旅行社数量总计增加了 11113 家；

b. 北京地区的旅行社数量增长最多，增加了 1632 家；

c. 相比之下，新疆生产建设兵团地区的旅行社数量增长最少，只增加了 18 家。

接下来，我将通过条形图的形式来可视化每个地区的旅行社数量变化，以便更直观地展示这些数据。

如图 4-46 所示，条形图展示了 2023 年度各地区的旅行社数量变化。从图中可以看出，北京地区的增长最为显著，而大部分其他地区的旅行社数量也有所增加，但增长幅度相对较小。这个可视化有助于快速识别哪些地区的旅行社市场增长最快。

---

① 2023 年度全国旅行社统计调查报告 https://zwgk.mct.gov.cn/zfxxgkml/tjxx/202406/t20240618_953559.html

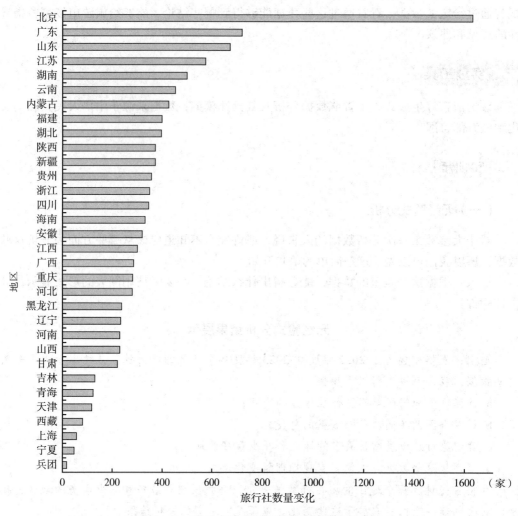

图 4-46　2023 年度各地区旅行社数量变化差值

至此，仅仅通过一条语句，就能够对"2023 年度全国旅行社统计调查报告"进行简单的分析，内容还是非常精准的。

（二）引导式分析

通过前面的一条语句能够自动得到系统分析出的所有结论，但是如果想要按照你的意愿进行分析，那么就需要具备一些数据分析的基本常识，若实在无从下手，你还可以这样来询问。

输入：目前我已经拥有 2023 年和 2022 年全国各地区的旅行社数量，我可以从哪些方面去分析这个数据?

询问结果展示

输出：既然您已经拥有 2023 年和 2022 年全国各地区的旅行社数量数据，以下是一些可以从这些数据中进行分析的方面：

a. 年度比较分析

数量变化：比较 2023 年和 2022 年的旅行社数量，看哪些地区有增长，哪些地区有减少。

增长率：计算每个地区的年度增长率，找出增长最快和最慢的地区。

全国趋势：分析全国旅行社数量的总体趋势，是增长、减少还是保持稳定。

b. 地区分布分析

数量分布：查看旅行社在不同省份和城市的分布情况。

地理集中度：确定哪些地区在旅行社数量上占据主导地位。

人均旅行社数量：比较各地区的旅行社数量与人口比例。

c. 市场饱和度分析

市场饱和度：分析不同地区的市场饱和度，确定哪些市场可能已经饱和，哪些市场还有增长空间。

d. 相关性分析

与经济指标的关系：分析旅行社数量与当地 GDP、人均收入等经济指标的关系。

与旅游人数的关系：如果可以获得旅游人数数据，可以分析旅行社数量与旅游人数的关系。

e. 行业健康度分析

新开与关闭的旅行社：分析新开设和关闭的旅行社数量，了解行业的动态变化。

行业竞争情况：通过比较旅行社的数量和可能的营业额，分析行业的竞争程度。

f. 政策影响分析

政策变化：考虑在分析期间是否有相关政策变化，这可能影响了旅行社的数量。

区域发展战略：分析政府的区域发展战略是否对旅行社的分布有影响。

g. 预测分析

未来趋势：基于现有数据预测未来旅行社数量的变化趋势。

潜在市场：识别有增长潜力的新兴市场。

分析步骤：

a. 数据清洗：确保数据准确无误，处理缺失值和异常值。

b. 数据可视化：利用图表展示数据的分布、趋势和模式。

c. 统计分析：使用统计方法（如 T 检验、方差分析）来验证假设。

d. 报告撰写：将分析结果整理成报告，提出结论和建议。

在进行分析之前，请确保您对数据进行分析的目的是清晰的，这将有助于指导您的分析过程。如果您需要帮助进行数据分析或具体的分析操作，请告诉我，我可以为您提供进一步的指导。

根据这一次的询问结果，我们根据提示继续输入语句。

输入：请根据 2022 年度和 2023 年度各地区的旅行社数量，计算出每个地区的增长率，全部显示出来。

计算结果展示

输出：以下是 2022 年度至 2023 年度各地区旅行社数量的增长率：

地区	增长率（%）		地区	增长率（%）	
北京	48.07		广东	19.15	
江苏	17.47		山东	23.46	
浙江	10.97		湖南	31.21	
云南	29.77		安徽	19.68	
上海	2.97		湖北	26.03	
河北	17.63		福建	27.24	
四川	22.72		辽宁	14.75	
内蒙古	33.15		江西	26.17	
河南	19.00		陕西	36.49	
广西	27.70		山西	23.08	
新疆	44.10		贵州	42.50	
甘肃	23.65		海南	39.88	
重庆	34.55		黑龙江	29.62	
吉林	18.52		青海	20.81	
天津	22.12		西藏	25.81	
宁夏	22.82		兵团	10.17	

这些数据可以帮助您了解哪些地区的旅行社市场增长较快，哪些地区增长较慢。

但是，这样的展示方式显然不是很直观，我们还可以继续通过图表的形式展示我们想要的结果。

输入：请通过图表的形式展示这些数据，并对结果进行分析。

图表展示并分析结果

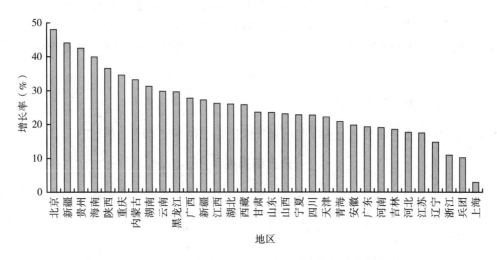

图 4-47 2022 年度至 2023 年度各地区旅行社增长率

从图 4-47 中我们可以观察到以下分析结果：

a. 增长率概览

增长率分布：大多数地区的旅行社数量在 2022—2023 年都呈现了正增长，但增长幅度各不相同。

最高增长率：北京的旅行社数量增长率最高，达到 48.07%；其次是新疆（44.10%）和贵州（42.50%）。

最低增长率：上海的旅行社数量增长率最低，仅为 2.97%；其次是兵团（10.17%）和浙江（10.97%）。

b. 分析结论

旅游热点地区增长显著：新疆和贵州作为旅游热点地区，其旅行社数量的显著增长可能反映了旅游市场的活跃和潜力。

经济发达地区增长稳定：北京、广东、江苏等经济发达地区的增长率也相对较高，这可能与其成熟的旅游市场和较高的旅游消费水平有关。

部分地区的平稳增长：一些地区的增长率处于中等水平，表明这些地区的旅行社市场正在稳步增长，没有出现剧烈波动。

个别地区增长缓慢：上海的增长率较低，可能意味着该地区的旅行社市场已趋于饱和，或者存在其他抑制增长的因素。

c. 可能的影响因素

疫情影响：考虑到 2022—2023 年疫情的影响，一些地区的增长率可能受到了旅游限制和消费者信心的影响。

政策支持：政府的旅游推广政策和对旅行社的支持可能在不同地区有不同的效果，

影响了增长率的差异。

市场需求：不同地区的旅游市场需求差异，也是导致增长率不同的一个重要因素。

总体来看，中国旅行社市场在 2022—2023 年整体呈现增长态势，但地区间的差异显著。这些数据可以为旅行社的投资者和决策者提供市场动态的参考，帮助他们制定更有效的市场策略。

（三）进一步分析和预测

输入：结合相关政策，分析哪些因素导致了北京和新疆的增长率上升。

分析结果展示

输出：北京和新疆的旅行社数量增长率上升可能受到多种因素的影响，结合相关政策，以下因素可能导致北京和新疆旅行社数量增长率上升：

1. 对北京进行分析

a. 政策支持与市场复苏

疫情防控政策调整：随着疫情防控措施的优化，旅游市场逐渐复苏，带动了旅行社的增长。

旅游促销政策：北京市可能出台了促进旅游消费的政策，如发放旅游消费券、减免门票等，刺激了旅游需求。

b. 重大活动与节庆

文化活动与节庆：北京作为文化中心，举办了多项国际性文化活动与节庆，如北京国际电影节、北京国际旅游节等，吸引了大量游客。

c. 旅游产品创新

红色旅游、文化体验游：北京推出了多种旅游产品，包括红色旅游、文化体验游等，丰富了旅游市场。

d. 基础设施改善

交通与接待设施提升：北京持续改善交通和旅游接待设施，提高了旅游便利性和舒适度。

e. 国际交流与合作

国际会议与交流活动：北京作为国际交往中心，举办了大量国际会议和交流活动，带动了商务旅游的增长。

2. 对新疆进行分析

a. 旅游资源开发与推广

"新疆是个好地方"文化旅游推广活动：通过一系列的文化旅游推广活动，提升了新疆的旅游品牌知名度和吸引力[①]。

---

① 2023年新疆旅游宣传推广哪家强？十佳案例出炉 http://xj.news.cn/zt/2024-03/27/c_1130096846.htm 和新疆两个旅游宣传推广案例入选 2023 年全国优秀名单 https://www.xjtvs.com.cn/news/2024-05/17/cms137406article.shtml。

b. 政策扶持与市场开放

旅游优惠政策：新疆实施了多项旅游优惠政策，如税收减免、财政补贴等，以促进旅游业发展。

市场开放与安全形势改善：新疆可能加大了旅游市场的开放力度，并改善了安全形势，增强了游客的信心。

c. 基础设施投入

旅游基础设施建设：政府加大了对旅游基础设施的投入，如道路、酒店、景区设施等，提升了旅游接待能力。

d. 旅游产品多样化

特色旅游产品开发：新疆开发了多种特色旅游产品，如生态旅游、民族风情游、边境旅游等，丰富了旅游体验。

e. 区域合作与交流

跨区域旅游合作：新疆与周边省区以及国内外的旅游合作，如旅游推介会、文化交流活动等，扩大了旅游市场。

这些因素相互交织，共同作用于北京和新疆的旅游市场，导致旅行社数量增长率上升。需要注意的是，这些分析基于一般情况和假设，具体的影响因素还需结合当地的政策文件、市场调研报告和行业数据来进一步分析。

值得注意的是，在分析新疆的原因时，生成式人工智能已经开始自动通过网络来寻找相关的新闻报道，以便提高分析结果的准确性。接下来，我们想根据当前数据预测一下未来旅行社发展趋势，看看会出现什么结果。

输入：请预测一下，到2024年年底各地区的旅行社数量将会是多少，用图表展示出来。

预测结果展示

输出：要预测到2024年年底各地区的旅行社数量，我们可以使用一个简单的模型，假设每个地区的旅行社数量将以2022—2023年的增长率增长。这是一个线性预测，不考虑可能影响未来增长的其他因素（如政策变化、市场饱和度、经济条件等）。我们将使用以下步骤进行预测。

a. 计算每个地区2022—2023年的增长率；

b. 应用这个增长率来预测2024年年底的旅行社数量；

c. 使用图表展示预测结果。

现在，我将进行这些计算并展示预测结果的图表。

图4-48展示了根据2022—2023年增长率预测的2024年年底各地区的旅行社数量。这个预测假设每个地区的增长率将保持不变，但实际上，未来旅行社数量的增长可能会受到多种因素的影响，包括市场需求、政策变化、经济条件等。

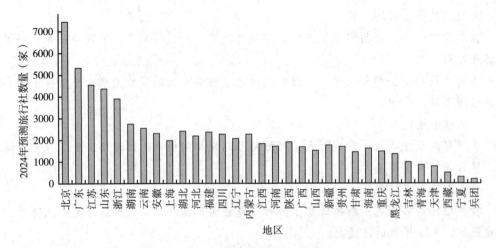

图 4-48　2024 年各地区旅行社数量预测值

请注意，这是一个简单的预测模型，实际情况可能会有所不同。在做出任何基于这些数据的决策时，建议考虑其他可能影响未来发展的因素。

显然，基于两年的数据变化很难较为准确地预测出未来的数据，所以我们还可以通过上传更多的数据来提高预测数据的准确性。

输入：请预测一下，到 2024 年年底各地区的旅行社数量将会是多少，用图表展示出来，并上传 2018—2023 年这些年度的数据。

预测结果展示

输出：为了预测 2024 年年底各地区的旅行社数量，我将首先分析您提供的三个 Excel 文件中的数据，以了解旅行社数量随时间的变化趋势。然后，我将使用这些数据来建立一个简单的预测模型，用于估计 2024 年年底的旅行社数量。我将执行以下步骤。

a. 读取并检查每个 Excel 文件中的数据结构；

b. 分析旅行社数量的年度变化趋势；

c. 基于观察到的趋势，构建一个简单的预测模型；

d. 使用该模型预测 2024 年年底的旅行社数量；

e. 将预测结果绘制成图表。

首先，我将读取并检查第一个 Excel 文件中的数据结构。Excel 文件中的数据包含两列年份的数据（2018 年度和 2019 年度）以及一列地区。为了进行预测，我需要检查剩余的两个文件的结构，以确保它们具有相同或兼容的数据格式。接下来，我将读取 2021 年和 2023 年的数据，并将它们与 2019 年的数据进行合并，以便分析趋势。2021 年和 2023 年的数据结构与 2019 年的数据结构兼容，都包含地区列和连续两年的旅行社数量。为了进行趋势分析，我将合并这三个数据集，以便每个地区都有多年的数据。

接下来，我将合并这些数据集，并准备用于预测的数据。数据已经成功合并，现在我们有 2019 年、2021 年和 2023 年各地区的旅行社数量。接下来，我将计算每个地区在这几年间的年均增长率，然后使用这个增长率来预测 2024 年年底的旅行社数量。年均增长率可以通过以下公式计算：

$$年均增长率 = \left(\frac{数量_{最新年份}}{数量_{最早年份}} \right)^{\frac{1}{年数}} - 1$$

我将计算每个地区的年均增长率，并使用它来预测 2024 年的旅行社数量。然后，我将结果绘制成图表展示。

预测结果已经计算完成。现在，我将绘制一个图表来展示 2019 年、2021 年、2023 年和预测的 2024 年各地区的旅行社数量。这将帮助我们直观地看到旅行社数量的变化趋势和预测结果。

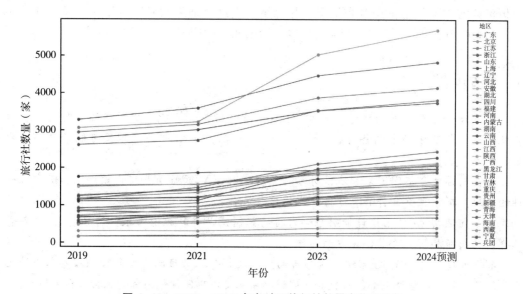

图 4-49　2019—2024 年各地区旅行社数量变化及趋势

图 4-49 展示了 2019—2024 年预测期间各地区的旅行社数量变化趋势。从图表中可以看到，大多数地区的旅行社数量呈现上升趋势。请注意，预测值是基于过去几年的年均增长率计算的，并不考虑可能影响旅行社数量的其他因素，如经济变化、政策调整或特殊情况（如新冠疫情）。

四、实训小结

旅游数据分析和预测对于旅游业的规划与发展具有至关重要的意义。它不仅能够揭示旅游市场的现状与趋势，帮助企业和政府制定有效的战略规划，还能够优化资源配置，提升服务品质，增强旅游目的地的吸引力；通过数据分析，可以更好地理解游客行为，预测未来需求，从而在激烈的市场竞争中抢占先机。

而类似智谱清言这样的生成式人工智能数据分析工具的应用，使得这项工作更加高效、精确、全面。首先，工具能快速处理大量数据，节省人力和时间成本；其次，基于算法的模型分析比人工更精准，减少主观误差；再次，工具可以从多个维度进行深入分析，揭示复杂模式和趋势；最后，它还能实时监测数据变化，及时调整预测模型。总之，生成式人工智能工具提供了一种更高效、更准确、更全面的分析方法，有助于旅游业者做出更科学的决策。

五、实训作业

江苏省的旅游景点丰富多样，涵盖了自然风光、历史文化、现代娱乐等多个方面。请根据给定的数据表"江苏省 A 级旅游景区名录（2024.2）"，试着通过生成式 AI 工具分析江苏省内的旅游资源分布情况，并总结产生这个结果的原因有哪些；最后预测一下，哪些城市会新增国家 5A 级旅游景区，给出相应的依据。

思考拓展

1. 设想一个未来旅游场景，其中 AI 不仅设计行程，还能根据游客的实时情绪、体力状况及天气变化动态调整行程。请描述这一场景下的 AI 工作原理及可能带来的用户体验提升。

2. 在创作适合不同国家和地区游客的导游词时，AI 面临哪些文化敏感性和语言准确性的挑战？提出至少三种解决方案来优化这一过程。

3. 如何运用 AI 技术设计能够触动目标游客情感共鸣的旅游海报？请分析 AI 在色彩选择、构图布局、元素融合等方面的作用。

4. 假如要设计一个 AI 系统，能够自动生成既符合旅游目的地特色又融入游客个性化元素的短视频。该系统应如何收集和处理用户输入，以确保视频内容的独特性和吸引力？

5. 分析 AI 在创作旅游软文时，如何平衡信息传达与情感共鸣，以更有效地提升品牌吸引力和游客忠诚度？

6. 在跨国旅游中，AI 如何帮助领队实现多语言沟通，并在紧急情况下提供快速有效的应急处理方案？

7. 设计一个面向未来旅游的虚拟数字人角色，该角色应具备哪些功能以提供卓越的游客互动体验？

8. 如何利用 AI 技术对旅游数据进行深度挖掘和分析，以预测未来旅游趋势，为旅游企业和政府提供精准的决策支持？

模块五　生成式人工智能的旅游应用展望

模块导入

　　旅游业，作为全球经济的重要支柱和人们追求美好生活的重要载体，正迎来AI技术的深度渗透与融合。本模块旨在深入探讨这一前沿技术如何为旅游产业的发展注入新动力，同时展望其对旅游职业教育带来的变革与挑战。

　　首先，我们聚焦于旅游产业发展的应用展望。从旅游出行的个性化规划，到住宿体验的精准推荐，从餐饮服务的创新升级，再到旅游治理的智能化转型，AI正逐步构建起一个更加高效、便捷、个性化的旅游生态系统。在这一过程中，AI不仅提升了旅游服务的质量和效率，更激发了旅游产业的创新活力，为游客带来了前所未有的旅游体验。

　　其次，我们将视线转向旅游职业教育的应用展望。面对AI技术的快速发展和广泛应用，旅游职业教育如何适应行业变革，培养符合未来需求的高素质人才，成为亟待解决的问题。本模块将探讨如何通过智能化创新教学内容、旅游化转型教学模式、专业化评估学习反馈等方式，提升旅游职业教育的质量和效果。同时，我们也将关注学生职业发展与就业指导的个性化需求，以及在技术应用过程中可能涉及的伦理、隐私与安全等问题，为旅游职业教育的可持续发展提供有力保障。

学习目标

　　1. 掌握生成式人工智能在旅游出行规划、住宿推荐、餐饮创新及旅游治理等多方面的应用，理解这些技术如何推动旅游产业的个性化、智能化发展，提升游客满意度与行业整体效率，为自身在旅游领域的创新与发展奠定坚实基础。

　　2. 了解生成式人工智能在旅游职业教育中的应用，实现教学内容智能化、教学模式旅游化转型，提升学习评估与反馈的专业性，规划个人职业发展并接受就业指导，同时关注伦理、隐私与安全考量，为成为适应未来旅游行业需求的高素质人才做好准备。

项目一　促进旅游业发展的应用展望

随着生成式人工智能技术的迅猛发展，其在各个领域的应用日益广泛且深入，旅游业也不例外。生成式人工智能的旅游应用展望聚焦于这一前沿领域，旨在通过深入探讨生成式人工智能如何重塑旅游业的各个环节，展现其对于提升旅游体验、优化资源配置、促进产业创新的重要作用。本项目作为旅游业发展的应用展望，特别选取了旅游出行、住宿、餐饮及治理四大关键领域，详细阐述了生成式人工智能在这些方面的应用前景与潜在价值。

本项目的目的在于，通过前瞻性分析，使读者能够深刻理解生成式人工智能如何作为强大的工具，为旅游业的个性化、智能化、高效化发展提供有力支持。我们期望通过本项目内容的学习，读者能够把握生成式人工智能技术在旅游应用中的最新动态与趋势，认识到其在提升旅游服务品质、增强游客体验、优化旅游治理等方面的巨大潜力。同时，本项目也旨在激发读者对于生成式人工智能在旅游业中应用创新的思考与探索，为推动旅游业的数字化转型与高质量发展贡献智慧与力量，对旅游产业的实践发展具有深远的指导意义。

一、旅行游览的魔法师

近年来，随着增强现实、虚拟现实、人工智能等 AI 技术的广泛应用，我国智慧旅游和沉浸式体验新空间的建设得到了显著推动。在城市公园、文博场馆等领域，这些技术不仅提升了游客的体验，也优化了旅游管理和服务。视频生成和图片生成等技术的出现，将进一步加速旅游行业的创新发展，为游客提供更多元、更丰富的旅游体验。

（一）助力公园游览实现"万物共生"

随着城市休闲旅游的蓬勃发展，公园已成为市民和游客钟爱的旅游目的地，并催生了科技与文化艺术融合的新路径。这种融合不仅为游客带来了前所未有的视觉盛宴，也为公园增添了新的魅力和吸引力。

城市休闲旅游的蓬勃发展，使公园成为市民和游客共同钟爱的旅游目的地。这一趋势不仅推动了公园的建设和升级，也为科技与文化艺术融合开辟了新的路径。通过巧妙地运用自然景观与光影技术的融合，公园为游客带来一场前所未有的视觉盛宴。

运用视频生成功能，巧妙地运用自然景观与光影技术融合，为游客带来前所未有的视觉盛宴，创造出令人叹为观止的艺术景观。这种科技与文化艺术融合的公园艺术景观，不仅提升了游客的体验，也优化了旅游管理和服务，还为公园带来了新的商业模式和收入来源。

未来的公园艺术景观将会更加注重科技与艺术、文化与自然的融合，为游客带来更加丰富和多元化的体验。视频生成功能的加持,使公园艺术景观更加生动和立体。游客可以通过视频了解到艺术景观的每一个细节,感受到艺术景观背后的故事和文化内涵。

(二)助力文物和非遗保护焕发新生

在文物保护和展示领域,先进影像生成技术正发挥着至关重要的作用。对于那些历经千年侵蚀而残缺不全的珍贵文物,视频和图片生成技术能够基于现有的碎片或残片,进行高精度、高质量的图像重建。

在文物保护领域,影像生成技术能够帮助修复工作者更准确地了解文物的原始状态,从而更有效地进行修复工作。通过重建文物的图像,修复工作者可以更好地理解文物的结构和纹理,从而更精确地进行修复。此外,影像生成技术还可以帮助修复工作者更好地了解文物的历史和文化价值,从而更好地保护文物。

在展示领域,影像生成技术能够帮助展示工作者更生动地展示文物。通过重建文物的图像,展示工作者可以更真实地展示文物的外观和细节,从而让观众更好地欣赏文物。此外,影像生成技术还可以帮助展示工作者更好地讲述文物的故事,从而让观众更好地了解文物的历史和文化价值。

总的来说,在文物保护和展示领域,先进影像生成技术发挥着至关重要的作用。通过重建文物的图像,影像生成技术不仅为修复工作提供了宝贵的技术参考,还可以使更多文化瑰宝重新焕发生命力。

(三)丰富旅游出行的体验性

视频生成和图片生成功能的应用,不仅提供了便捷的交通方式,未来还能为游客多维度呈现目的地的生动信息。

通过视频生成功能,我们可以将沿途的风景名胜制作成精美的视频介绍片。这些视频犹如导游般,带领游客提前领略目的地的风土人情和自然景观。游客在观看视频的过程中,可以更加全面地了解目的地,从而提高对旅行体验的期待值。

图片生成功能也为游客提供了个性化的服务。根据游客的个人偏好,我们可以为其生成符合兴趣的景点图片。例如,喜欢自然风光的游客,可以看到目的地的山水美景;热衷于历史文化的游客,则可以欣赏到古迹遗址的图片。这样的服务让游客在规划行程时,能够更加精准地满足自己的需求。

通过视频和图片的展示,游客可以更加直观地感受到目的地的魅力,从而有针对性地规划旅游行程和逗留时间,根据景点的特色,游客还可以选择在最佳观赏时间前往,以获得最佳的游览体验。因此,这种多维度呈现方式能够帮助游客发现更多的美丽角落,丰富旅行体验。

二、旅游住宿的"推荐官"

在旅游住宿行业,视频生成和图片生成技术的应用同样产生了显著的正面效应。这些技术将通过增强营销吸引力、改善客户体验、实现服务个性化以及促进业务创新，为住宿行业注入了新的活力。利用这些功能，旅游住宿业能在激烈的市场竞争中独树一帜，提升竞争力。

（一）大幅度提升营销效果

在旅游住宿业的发展中，视频生成功能将成为一种强有力的营销工具。利用这一技术，从业者可以精心制作出高质量的宣传视频，这些视频不仅能够全面展示住宿设施的环境和服务，还能突出服务亮点，以及周边的旅游景点和消费场景。

通过视频生成功能，住宿业者可以创作出一个个生动的画面，让游客在未抵达之前就能感受到住宿环境的舒适度。无论是豪华的酒店大堂、整洁的客房、设施齐全的健身房，还是精心设计的餐厅和休闲区，这些视频都能以最直观的方式展现出来。同时，视频还能捕捉到住宿地点周边的自然风光、文化遗迹、购物娱乐场所等，为游客提供全方位的旅行体验预览。

这些宣传视频因其高度的视觉吸引力，能够在短时间内抓住观众的眼球，传达大量的信息。在快节奏的生活中，人们往往没有足够的时间去仔细阅读文字描述，而视频恰恰能够满足他们快速获取信息的需求。通过精心剪辑和配乐，视频能够激发观众的共鸣，唤起他们对旅行的向往，从而增强过夜游客及潜在目标客户的预订意愿。

此外，高质量的宣传视频还能有效提升住宿服务的品牌形象。在众多竞争者中，一个制作精良的视频可以让人印象深刻，帮助住宿业者在市场中脱颖而出。品牌形象的提升，不仅能够吸引新客户，还能增强老客户的忠诚度，从而在长远上提高市场竞争力。

同时，视频生成功能也为住宿业者提供了创新的营销思路。通过社交媒体、官方网站、在线旅游平台等渠道，这些视频可以迅速传播，覆盖更广泛的受众。结合互动元素，如观众评论、分享和点赞，视频还能形成"病毒式"营销效应，进一步扩大住宿服务的影响力。

未来视频生成功能对于旅游住宿业来说，不仅是一种展示工具，更是一种营销策略。它通过直观、高效的传播方式，不仅提升了游客的预订体验，也为住宿业者带来了更多的商业机会。

（二）深度优化客户需求

为了在旅游住宿行业更好地满足客户的需求，视频生成技术将超越传统的展示方式，提供更为个性化的内容。这种技术的进步，使得为客户量身定制视频内容成为可能，从而极大地提升了服务的人性化和效率。

考虑到客户需求的多样性，定制化的视频内容可以精确地匹配客户的特定要求。例如，有些客户可能对住宿的舒适性有更高的要求，而对于这样的客户，可以生成展示豪华床铺和高质量睡眠环境的视频。同样，对于那些注重健康生活的客户，可以制作介绍健身设施和健康餐饮选项的视频，以此吸引他们的兴趣。

此外，定制化视频还能为客户提供一种独特的虚拟体验。通过结合虚拟现实技术，客户可以在未入住之前，就进行一次全方位的虚拟参观。这种体验不仅让客户感受到住宿空间的布局和设计，还能让他们在虚拟环境中体验服务，如虚拟管家服务或在线体验当地文化。

这种技术的应用，对于提升客户的选择体验有着显著的效果。它不仅帮助客户快速定位到最符合他们需求的住宿选项，还减少了因信息不对称导致的失望和不满。同时，这种个性化的服务也增强了客户对品牌的忠诚度，因为他们感受到了住宿提供商对个体需求的重视。

三、旅游餐饮的"新未来"

视频和图片生成技术为旅游餐饮业带来了革命性的营销革新和服务提升。它们不仅促进了行业间的跨界融合，还拓宽了旅游餐饮的业务范围。此外，这些技术助力餐饮企业优化线上预订和外卖服务，为旅游餐饮行业塑造了一个全新的未来。

（一）沉浸式的美食探索

在旅游餐饮行业中，视频生成功能的运用正在改变传统的就餐体验，为食客带来了前所未有的互动和沉浸感。这一技术的应用，将超越简单的视频菜单制作，结合增强现实（Augmented Reality，AR）技术，为餐饮企业创造了一种全新的服务模式。

视频生成功能使得餐饮企业能够制作出动态的视频菜单，让菜品以更加生动的方式呈现在食客面前。这种视频菜单不仅展示了菜品的视觉美感，更能够通过镜头语言，讲述每一道菜品背后的故事和民俗文化，为餐饮企业带来更深层次的品牌价值，增加食客对菜品的了解和兴趣。

结合 AR 技术的视频生成功能，为食客提供了一种沉浸式的就餐体验。当食客使用智能手机或其他设备扫描餐厅内的特定二维码或标记时，他们可以观看到菜品制作的全过程，仿佛亲自站在厨房中，目睹厨师们精湛的烹饪技艺。这种体验不仅满足了食客的好奇心，也让他们对餐厅的卫生和烹饪水平有了更直观的认识。

此外，生成的视频还能展示餐厅的布局和消费环境。食客在未进入餐厅之前，就能通过视频了解到餐厅的设计风格、座位安排甚至是其他食客的评价和推荐。这种全景视频的展示方式，让食客在虚拟环境中就能感受到餐厅的氛围，从而做出更加符合个人喜好的选择。

这种创新的展示方式不仅增强了食客的好奇心和参与感，也大大提高了他们对餐厅的整体记忆点。对于那些追求新鲜感和体验感的年轻食客来说，这种沉浸式的就餐体验无疑具有极大的吸引力。它不仅提升了餐厅的品牌形象，还增加了食客的回头率和推荐率。

（二）拓展旅游餐饮的边界

生成式人工智能技术的出现，为旅游餐饮行业带来了前所未有的变革和机遇。这一技术不仅能够生成精美的美食图片和视频广告，还能够通过智能算法，为旅游餐饮企业提供更加精准和个性化的营销策略。

生成式人工智能技术的应用，为旅游餐饮企业提供了一种全新的营销手段。通过分析消费者数据和行为，企业可以了解到消费者的偏好和需求，进而制定出更加符合他们兴趣的营销策略。例如，企业可以根据消费者的口味偏好，为他们推荐相应的菜品和优惠活动，从而提高转化率和顾客满意度。

此外，生成式人工智能技术还能帮助旅游餐饮企业与其他领域的企业进行跨界合作。例如，企业可以与商业、国潮、艺术等领域的企业进行合作，共同打造多业态的新型空间和场景。这种合作方式不仅能够实现资源共享和优势互补，还能够为消费者带来更加丰富和多元化的体验。

这种多业态融合的新型空间，不仅满足了消费者对新鲜体验的追求，也为旅游餐饮企业带来了新的商业模式和收入来源。通过与其他领域的企业合作，旅游餐饮企业可以吸引更多不同类型的消费者，扩大市场份额。

四、人工智能赋能旅游治理

（一）智能化旅游监管与决策系统

智能化旅游监管与决策系统深度融合了大数据分析与先进的人工智能技术，特别是机器学习算法，为旅游行业的监管与治理带来了革命性的变化。

该系统首先具备强大的实时监测能力，能够全天候、全方位地捕捉旅游市场的动态信息，包括游客流动、景点热度、消费趋势等多个维度。通过对这些海量数据的深度挖掘与分析，系统能够迅速识别出市场中的潜在风险与违规行为，如旅游欺诈、安全隐患等，为管理部门提供及时、准确的预警信息。

更为关键的是，智能化旅游监管与决策系统还配备了先进的决策支持模型。这些模型基于历史数据与实时信息，运用复杂的算法逻辑，对旅游市场的发展趋势进行预测与评估。在此基础上，系统能够提出科学合理的资源配置建议，帮助管理部门优化旅游资源的分配与利用，实现旅游产业的可持续发展。

此外，该系统还具备高度的灵活性与可扩展性。随着旅游市场的不断变化与新技术的不断涌现，系统能够持续迭代升级，引入更多先进的人工智能技术与应用场景，以更好地满足旅游治理的多样化需求。

所以，智能化旅游监管与决策系统是人工智能赋能旅游治理的重要体现，它不仅能够提升旅游治理的效率和精准度，还能够为旅游产业的健康发展提供有力保障。

（二）人工智能驱动的旅游服务质量优化

人工智能驱动的旅游服务质量优化在这一领域的创新应用，正以前所未有的方式重塑着游客的旅行体验，并引领着旅游行业向更高质量的服务标准迈进。

生成式人工智能技术的引入，为旅游服务带来了前所未有的智能化与个性化。智能客服系统，借助自然语言处理与深度学习技术，能够准确理解游客的需求与疑问，提供即时、专业的解答与帮助。这种无缝的交互体验，不仅提升了服务效率，更让游客感受到了前所未有的关怀与尊重。

同时，个性化推荐系统根据游客的历史行为、偏好与当前情境，精准推送符合其个人喜好的旅游产品与服务。无论是酒店住宿、景点选择还是美食推荐，都能让游客在旅途中享受到量身定制的愉悦体验。这种高度个性化的服务，无疑极大地增强了游客的满意度与忠诚度。

更为深远的是，人工智能还辅助旅游企业进行服务质量评估与改进。通过对海量服务数据的深度挖掘与分析，系统能够发现服务过程中的薄弱环节与改进空间，为旅游企业提供科学的决策支持。这种基于数据的服务质量管理方式，不仅提高了服务质量的稳定性与可预测性，还促进了旅游企业内部的持续改进与创新。

所以，人工智能驱动的旅游服务质量优化，不仅为游客带来了更加便捷、舒适、个性化的旅行体验，还为旅游企业的可持续发展注入了强劲动力。随着技术的不断进步与应用场景的持续拓展，我们有理由相信，未来的旅游服务将更加智能、贴心和美好。

项目二　助力旅游职业教育的应用展望

随着生成式人工智能技术的飞速发展，其在各行各业的应用日益广泛，旅游职业教育领域也不例外。旅游职业教育的应用展望旨在深入探讨生成式人工智能如何为旅游职业教育带来革命性的变革，推动教育内容的智能化创新、教学模式的旅游化转型、学习评估与反馈的专业化升级，以及学生职业发展与就业指导的精准化。我们还将关注在这一过程中不可忽视的伦理、隐私与安全考量，确保技术应用的同时，维护教育的核心价值与学生的权益。

通过本项目的学习，我们期望能够启发教育者与学习者共同探索未来旅游职业教育的无限可能，培养更多具备创新思维、专业技能与良好职业素养的旅游人才，为旅游行业的持续繁荣与发展贡献力量。

一、旅游教学内容的智能化创新

（一）定制化旅游课程：生成式人工智能助力个性化学习路径

在未来的旅游教学领域，人工智能技术将被巧妙地应用于课程设计与实施中，实现从传统"一刀切"模式向高度个性化、精准化教学的转变。

生成式人工智能凭借其强大的数据分析与理解能力，能够深入洞察每位学生的学习需求、兴趣所在及未来职业发展方向。基于这些个性化的信息，AI系统能够精心设计出符合学生特点的旅游课程，从课程内容的选择到难度的设置，都力求与学生的实际情况相契合。这种前所未有的个性化学习体验，不仅极大地激发了学生的学习动力，还确保了他们在学习过程中能够始终保持高度的专注与投入。

在定制化旅游课程的实施过程中，生成式人工智能还充当了智慧导师的角色。它能够根据学生的历史学习记录与成绩表现，智能推荐适合的学习资源与进阶路径。同时，AI 系统还能持续跟踪学生的学习进展，适时提供学习建议与鼓励，帮助学生更好地规划自己的学习旅程。

通过这样的创新实践，旅游教学不再是单一的知识传授，而是一场充满探索与发现的个性化旅程。学生不仅能够获得更加全面、深入的旅游知识，还能在享受学习乐趣的同时，培养跨文化交流能力、解决问题能力和创新思维，为未来的职业生涯奠定坚实基础。

（二）实时旅游数据融入：行业动态与趋势的精准教学

在旅游职业教育迈向智能化的进程中，实时旅游数据的融入无疑为教学内容注入了新的活力与精准度。生成式人工智能凭借其强大的数据处理与分析能力，正逐步将实时的旅游数据融入教学内容变为现实，为旅游职业教育领域带来了前所未有的变革。

实时旅游数据，作为旅游行业的晴雨表，蕴含着丰富的市场动态、消费者行为、新兴趋势等信息。通过生成式人工智能的介入，这些海量的数据得以被高效筛选、整理并转化为易于理解的教学素材。在旅游职业教育中，教师能够即时获取最新的行业资讯，将其融入课程内容之中，确保学生所学知识与行业实际紧密对接，不再滞后于时代。

更为重要的是，实时旅游数据的融入使得教学更加具有前瞻性和针对性。通过分析数据背后的深层逻辑与趋势变化，教师可以预测未来旅游行业的发展方向，并据此调整教学计划与课程设置。学生则能在学习过程中提前接触到行业前沿知识，掌握未来所需的核心技能，从而在激烈的职场竞争中占据先机。

未来随着生成式人工智能技术的不断成熟与普及，实时旅游数据在旅游职业教育中的应用将更加广泛而深入。它将为教学内容的持续更新与优化提供强大支撑，推动旅游职业教育向着更加精准、高效、前瞻的方向发展。

二、教学模式的旅游化转型

（一）互动式旅游学习：AI 驱动的问题解答与案例分析

互动式旅游学习，顾名思义，是一种强调学生参与、互动与合作的教学模式。通过引入 AI 技术，系统能够智能识别学生的学习需求、兴趣点及疑问所在，并据此提供个性化的问题解答服务。这种即时、精准的反馈机制，有助于学生更好地理解和掌握旅游相关知识，提高学习效率。

同时，该教学模式还注重案例分析的应用。AI 系统会收集并整理大量真实的旅游案例，涵盖旅游管理、市场营销、客户服务等多个方面。学生可以在教师的引导下，对这些案例进行深入的分析和讨论，从而加深对旅游行业运作机制的理解，提升解决实际问题的能力。

互动式旅游学习的核心在于其"旅游化"的特点。通过将学习过程融入旅游场景之中，使学生能够在模拟的或真实的旅游环境中进行学习和实践，感受旅游行业的魅力与挑战。这种身临其境的学习方式，不仅能够激发学生的学习兴趣和动力，还能够促进他们对旅游行业的认同感和归属感。

（二）沉浸式旅游实训：VR/AR 结合 AI 的模拟训练

在探讨生成式人工智能如何深刻影响旅游职业教育时，沉浸式旅游实训以其独特的魅力成为教学模式旅游化转型的亮点之一。通过融合虚拟现实与增强现实技术，并深度融合人工智能的智能化特性，我们能够为学生打造出一个前所未有的、高度仿真的旅游实训环境。

这种沉浸式旅游实训系统，不仅能够模拟世界各地的风景名胜、历史文化遗址，还能根据学生的学习进度和兴趣点，动态调整场景难度与教学内容，实现个性化学习路径规划。AI 的加入，使得虚拟导游、角色互动更加智能，能够根据学生的提问和反应，提供及时且精准的反馈与指导，极大地提升了学习的互动性和有效性。

在 VR 构建的虚拟世界中，学生可以"亲历"从机票预订、酒店入住到景点游览的全过程，体验不同文化背景下的旅游服务与管理挑战。而 AR 技术则能在现实环境中叠加虚拟信息，如通过扫描旅游手册上的二维码，即可在眼前展现出生动的历史场景复原或文化故事讲解，让学习不再局限于书本和屏幕，而是触手可及、身临其境。

此外，沉浸式旅游实训还为学生提供了模拟危机处理、应急响应等高级技能的训练平台，通过 AI 模拟各种突发情况，锻炼学生在复杂多变环境中的决策能力和应变能力。这种教学模式的转型，不仅丰富了教学手段，更激发了学生的学习兴趣与创造力。

三、学习评估与反馈的旅游专业化

（一）智能评估系统：针对旅游技能的个性化学习成效分析

在旅游职业教育领域，学习评估与反馈的专业化是提升教学质量、促进学生个性化发展的关键环节。随着生成式人工智能技术的不断进步，智能评估系统的引入为旅游职业教育带来了革命性的变革。

智能评估系统能够基于大数据分析和机器学习算法，对学生在旅游技能学习过程中的表现进行全方位、精细化的评估。该系统不仅关注传统的考试成绩，更侧重于对学生实际操作能力、问题解决能力、跨文化沟通能力等核心旅游技能的深度分析。通过捕捉学生在学习活动中的行为数据、互动反馈及成果展示，智能评估系统能够生成个性化的学习成效报告，帮助学生清晰地认识到自己的优势与不足。

更重要的是，智能评估系统还能根据评估结果，动态调整学习路径和资源推荐，为学生提供定制化的学习方案。对于在特定旅游技能上表现较弱的学生，系统可以自动推送相关的教学视频、案例分析或在线练习，助力其针对性提升；而对于已经掌握基础技能的学生，则可以引导他们探索更高层次的学习内容，实现能力的飞跃。

此外，智能评估系统还具备实时反馈的功能，能够在学生完成学习任务后立即给出反馈意见，帮助学生及时纠正错误、巩固知识。这种即时反馈机制不仅提高了学习效率，还增强了学生的自主学习能力和自我反思能力。

（二）情感识别在旅游教育中的应用：提升学习动力与满意度

未来在旅游职业教育的创新实践中，生成式人工智能的情感识别技术将为学习评估与反馈领域带来前所未有的情感智能化变革。这项技术通过深度学习和自然语言处理，能够细腻地捕捉学生在学习过程中的情感波动，从而精准地提升学习动力与满意度。

情感识别在旅游教育中的应用，首先体现在对学生学习情绪的敏锐洞察上。AI系统能够分析学生的面部表情、语音语调及在线互动中的情感词汇，实时识别出学生的积极、消极或中性情绪。当系统检测到学生表现出困惑、沮丧等负面情绪时，会立即触发相应的干预机制，如提供额外的学习资源、调整学习难度或启动心理辅导模式，帮助学生迅速走出情绪低谷，重拾学习信心。

此外，情感识别技术还能促进师生之间的情感交流与理解。通过对学生情感的精准识别，教师可以更加全面地了解学生的内心世界，从而更加有针对性地给予关怀和支持。这种基于情感联结的教学互动，不仅能够增强学生的归属感和信任感，还能有效提升学习满意度和忠诚度。

情感识别在旅游教育中的应用，旨在构建一个更加人性化、情感化的学习环境。在这个环境中，学生的学习动力不再是单纯的外在驱动，而是源于内在的情感共鸣和价值认同。这种深层次的学习动力，将为学生未来的职业发展奠定坚实的基础，使他们成为更加自信、热情、专业的旅游从业者。

四、学生职业发展与旅游就业指导

（一）旅游职业规划：AI预测行业趋势与个人匹配

在探讨生成式人工智能对旅游职业教育的深远影响时，我们不得不提及其在学生职业发展与旅游就业指导方面的创新应用，特别是AI在旅游职业规划中的独特价值。随着技术的不断进步，AI系统已能够精准预测行业趋势，并与学生的个人兴趣、能力进行深度匹配，为旅游专业的学生绘制出个性化的职业蓝图。

旅游职业规划是一个复杂而多维的过程，需要综合考虑行业发展趋势、市场需求、个人兴趣与能力等多个因素。生成式人工智能凭借其强大的数据处理和分析能力，能够实时收集并分析全球旅游市场的最新动态，包括新兴业态、技术革新、消费者行为变化等关键信息。基于这些数据，AI能够预测出未来旅游行业的发展趋势，为学生提供前瞻性的职业导向。

同时，AI 系统还能通过与学生进行深度交互，了解其个人兴趣、专业技能、职业规划意愿等个性化信息。结合行业趋势预测，AI 能够为学生量身定制出符合其个人特点的职业规划方案，包括推荐适合的就业岗位、提供职业发展路径建议、评估职业竞争力等。

这种基于 AI 的旅游职业规划服务，不仅极大地提高了职业规划的准确性和效率，还为学生提供了更加个性化、精准的职业发展指导。它帮助学生更好地了解自我、认识行业，从而在未来的职业道路上少走弯路、更快成长。对于旅游职业教育而言，这无疑是推动学生高质量就业、提升行业人才竞争力的重要手段。

（二）旅游软技能培养：AI 辅助的沟通能力、领导力等提升

在旅游职业教育领域，学生职业发展的核心不仅在于专业知识的积累，更在于一系列软技能的培养，这些技能对于学生在未来旅游行业的成功至关重要。生成式人工智能的引入，为旅游软技能的培养开辟了全新的路径，尤其是在沟通能力和领导力等关键领域的提升上展现出巨大潜力。

沟通能力是旅游从业者不可或缺的基本功，它直接关系到服务质量和客户满意度。通过 AI 辅助的模拟对话、角色扮演等训练方式，学生可以在虚拟环境中与不同背景、需求的客户进行交流，从而在实践中锻炼自己的沟通技巧、情绪管理和应变能力。AI 系统还能根据学生的表现实时反馈，指出改进方向，帮助学生逐步提升沟通效果。

领导力则是旅游行业中高级职位所必需的重要素质。AI 技术可以设计一系列领导力培养项目，如虚拟团队管理、危机应对模拟等，让学生在模拟情境中扮演领导角色，学习如何激励团队、制定策略、解决问题。这些项目不仅考验学生的决策能力和组织协调能力，还促使他们在挑战中不断成长，形成独特的领导风格。

更重要的是，AI 能够根据学生的个性化特点和学习进度，提供定制化的软技能提升方案。通过数据分析，AI 能够识别学生在沟通、领导力等方面的优势和不足，并推荐相应的训练资源和路径，确保每位学生都能在最适合自己的节奏下成长。

生成式人工智能在旅游职业教育中的应用，为学生软技能的培养提供了强有力的支持。它不仅提高了培训效率和质量，还促进了学生综合素质的全面提升，为旅游行业输送更多具备卓越沟通能力和领导力的优秀人才。

五、旅游职业教育的伦理、隐私与安全考量

（一）数据安全与隐私保护：旅游教育中的 AI 伦理规范

随着 AI 技术在旅游教育中的深入应用，大量学生数据、学习行为信息乃至个人偏好都可能被收集与分析，这要求我们建立一套完善的 AI 伦理规范，以确保教育过程的透明与合法。

首先，数据安全是基石。旅游教育机构应采用先进的加密技术，确保学生数据在传

输、存储及处理过程中的安全性，防止未经授权的访问或泄露。同时，建立严格的数据访问权限制度，明确哪些人员可以访问哪些数据以及数据使用的目的和范围。

其次，隐私保护不容忽视。在利用 AI 技术进行个性化教学、学习评估或行为分析时，必须尊重学生的隐私权，明确告知学生数据收集的目的、方式、范围及可能的风险，并征得学生的明确同意。此外，教育机构还需定期审查数据使用政策，确保其与最新的法律法规保持一致，避免侵犯学生隐私。

总之，数据安全与隐私保护是旅游职业教育中应用生成式人工智能时必须优先考虑的问题。通过建立健全的数据安全机制、加强隐私保护措施以及制定完善的 AI 伦理规范，我们可以更好地发挥 AI 技术的优势，推动旅游职业教育的创新发展，同时保障学生的合法权益。

（二）避免 AI 偏见：确保旅游教育资源的公平分配

随着 AI 技术的深入应用，我们必须警惕并努力避免其可能带来的偏见问题，特别是在教育资源分配方面，确保每位学生都能享受到公平、无歧视的教育机会。

AI 偏见可能源于算法设计的不完善、训练数据的局限性或人为因素的干扰。在旅游职业教育中，如果 AI 系统被用于推荐课程、评估学生表现或分配实习机会等关键环节，而未能充分考虑学生的多样性、背景差异及个性化需求，就可能导致教育资源的不公平分配。

为了避免这一问题，我们首先需要确保 AI 系统的算法设计遵循公平、公正的原则，避免任何形式的歧视性预设。同时，训练数据的选择应广泛多样，涵盖不同性别、年龄、文化背景、能力水平的学生群体，以减少因数据偏差导致的算法偏见。

此外，教育机构应建立透明的 AI 决策机制，公开 AI 系统的运作原理、数据来源及决策逻辑，接受师生及社会各界的监督与反馈。通过定期审查与评估 AI 系统的应用效果，及时发现并纠正潜在的偏见问题，确保教育资源的公平分配。

总之，避免 AI 偏见、确保旅游教育资源的公平分配是我们在应用生成式人工智能时必须坚守的伦理底线。通过不断优化算法设计、丰富训练数据、建立透明机制及加强教育引导，我们可以更好地发挥 AI 技术的优势，为旅游职业教育的高质量发展贡献力量。

 思考拓展

请结合模块五的学习内容，利用 AI 撰写一篇论文，主题为"生成式人工智能在旅游业发展中的应用与挑战"。论文要点可以从以下几个方面出发。

1. 分析生成式人工智能如何提升游客体验；
2. 探讨虚拟现实技术在增强游客体验方面的应用实例；
3. 预测生成式人工智能在旅游市场趋势分析中的作用；
4. 分析生成式人工智能在旅游业发展中所面临的挑战及应对策略。

论文篇幅不少于 2000 字；希望同学们认真完成本次作业，通过实际操作和思考，更好地理解生成式人工智能在旅游业中的应用前景。

参考文献

1. 谭铁牛. 人工智能的历史·现状和未来 [J]. 中国科技奖励, 2019 (3): 6-10.

2. 车璐, 张志强, 周金佳, 等. 生成式人工智能的研究现状和发展趋势 [J]. 科技导报, 2024, 42 (12): 35-43.

3. 丁磊. 生成式人工智能 [M]. 北京: 中信出版集团, 2023.

4. 中国信息通信研究院和京东探索研究院. 人工智能生成内容 (AIGC) 白皮书 (2022年) [R/OL]. (2022-09) [2024-08-11]. http://www.caict.ac.cn/english/research/whitepapers/202211/P020221111501862950279. pdf.

5. 卢宇, 余京蕾, 陈鹏鹤, 等. 生成式人工智能的教育应用与展望——以 ChatGPT 系统为例 [J]. 中国远程教育, 2023, 43 (4): 24-31, 51.

6. 朱永新, 杨帆. ChatGPT/生成式人工智能与教育创新: 机遇、挑战以及未来 [J]. 华东师范大学学报 (教育科学版), 2023, 41 (7): 1-14.

7. 邹建琴, 明庆忠, 史鹏飞, 等. 智慧旅游研究: 历程、主题与趋势 [J]. 资源开发与市场, 2022, 38 (7): 850-858.

8. 姚国章, 丁世红, 周晓平, 等. 智慧旅游新探索 [M]. 长春: 东北师范大学出版社, 2015.

9. 张凌云, 黎巎, 刘敏. 智慧旅游的基本概念与理论体系 [J]. 旅游学刊, 2012, 27 (5): 66-73.

10. 刘治彦, 季俊宇, 商波, 等. 智慧旅游发展现状和趋势 [J]. 企业经济, 2019, 38 (10): 68-73.

责任编辑：刘志龙
责任印制：闫立中
封面设计：中文天地

图书在版编目（CIP）数据

生成式人工智能与旅游实践应用教程 / 耿海，顾至
欣，李俊楼主编；周文娟，叔文博副主编 . -- 北京：
中国旅游出版社，2024.12. --（全国旅游高等院校精品
课程系列教材）. -- ISBN 978-7-5032-7498-5

Ⅰ. F59-39

中国国家版本馆 CIP 数据核字第 2024Y5E051 号

书　　名：生成式人工智能与旅游实践应用教程

作　　者：耿　海　顾至欣　李俊楼主编　周文娟　叔文博副主编
出版发行：中国旅游出版社
　　　　　（北京静安东里 6 号　邮编：100028）
　　　　　https://www.cttp.net.cn　E-mail: cttp@mct.gov.cn
　　　　　营销中心电话：010-57377103，010-57377106
　　　　　读者服务部电话：010-57377107
排　　版：北京中文天地文化艺术有限公司
印　　刷：三河市灵山芝兰印刷有限公司
版　　次：2024 年 12 月第 1 版　2024 年 12 月第 1 次印刷
开　　本：787 毫米 × 1092 毫米　1/16
印　　张：10.25
字　　数：229 千
定　　价：38.00 元
ＩＳＢＮ　978-7-5032-7498-5